大都會文化
METROPOLITAN CULTURE

大都會文化
METROPOLITAN CULTURE

零的溝通

The Principle of Communication

前言

人與人之間免不了會有溝通不良的情況產生，一旦如此往往會帶來誤會，而誤會便會帶來問題與麻煩，而且可大可小，小則無傷大雅，大則遺憾終生。

我們總以為語言是很精確的溝通工具，但語言的曖昧卻是超乎我們預期。若從《聖經》的故事來看，人類原本是一家，心靈相犀，共同使用一種語言，所以溝通無礙，但自從妄想建立通天的巴別塔直達天際之後，便受到上帝的懲罰而四分五裂，語言也變成多種多樣，於是人類再也回不到完美溝通的狀態，這或許就是人類溝通的原罪。

零的溝通

但溝通並不是只靠言語，有時比手畫腳也是一種方式，朋友之間的擠眉弄眼，常常也是彼此心照不宣的溝通過程，想要傳遞訊息，語言絕對不是唯一的答案，有時要達到心神領會，雙方都需要全身全靈地投入才可以，所以我們常說「交心」，指的就是投入的程度，人越投入，輔助的方法越多，溝通的效果就越好。

溝通的本質是讓彼此相互理解，而非取巧、說服，因此，如何讓溝通順暢，了解彼此的心意就格外重要。換句話說，想要達到溝通的目的，順利完成人與人之間的交流，首先就要先認清本質為何，才能回歸溝通的原點，避免產生誤會，達到接近零誤會的溝通方式，讓彼此的關係形成良性循環的圓，同時也把人脈匯聚於周邊，圍繞成圈。

本書談的是溝通的基礎，也是溝通的原則，希望在溝通的交流上，能為讀者帶來化整為零的體會，幫助大家在日常生活或職場上，都能擁有好人緣，結交好人脈。

目錄

PART 1

誤會：溝通的副作用

PART 2

零誤會：完美溝通的原點

PART 3

溝通：解決誤會的良藥

PART 4

職場：人際關係的縮影

目錄

09 當你身為上司

PART 1

誤會：溝通的副作用

01 誤會是症狀，那病因呢？

有個爸爸帶著兒子、牽著一頭驢子一同進城，沿路被路人指指點點說傻，因為有驢不乘，只顧走，於是爸爸騎了上去，又被說不疼兒子，兒子騎了上去又被說不懂孝順，而兩人同騎卻又被說驢子可憐，最後兩人只好合力把驢子扛進城裡。

這是一個很傻的故事，但卻是現實生活的寫照，其中寓意可以套用在各種方面，所以用在人際關係上，也是恰到好處，因為這種流言蜚語就像人與人之間的「誤會」一樣，令人困擾。

生活裡總會有些難以避免的誤會產生，有時來得很快，讓人摸不著頭緒，卻也讓人不得不承受誤會所帶來的麻煩，所以在誤會發生之前，我們也許可以冷靜思考一下，過去的誤會發生時，都是因為什麼而發生？當我們仔細回想，或許就能發現，誤會不是原因，只是症狀，往往來自於「溝通不良」，所以「誤會」可以說是「溝通不良」的「副作用」。

看到「溝通」，我們都會直覺想到「言語交談」，不過，在人類的社會裡，「溝通」比想像的複雜許多，也更加多樣化，除了「語言」之外，我們還有很多種溝通方式，但無論是哪一種，都有可能在交流的過程中，造成誤解，產生誤會。

一　個體差異

我們常說，這個世界上，沒有完全相同的兩個人，表示人與人之間存在著不同程度的個體差異，所以地球上有多少人，就會有多少種溝通差異，想要在與人交往之中避免發生誤會，就需要在相處過程中保持恰當的分寸，又或者說，距離感。

零的溝通

要妥善拿捏這種「距離感」，就需要懂得如何「閱讀空氣」，換句話說，我們在與人相處時，最重要的就是學會「察言觀色」。察言觀色其實不是什麼了不起的能力，每個人自出生便與生俱來，這也是小孩子賴以學習成長的本事，只是有些人隨著年齡漸長，便逐漸放棄了這樣的能力。人與人相處之中，原本自然就會對人加以察言觀色，進行比較，所以哪怕是很細微的差別，也會被看得很清楚。人只要發揮這種辨別細微差異的能力，就能分出彼此的不同，以及他人之間的不同，由此再進一步，就分得出某一個人在不同時刻的不同，或者，在同一時刻，表面與內在的不同。

當然，這種能力依據個體差異，也會產生程度上的落差，善於使用這種能力的人，通常會被說是「善於觀察的人」，而能力低下的人，往往就會被貼上「白目」的標籤。

儘管如此，每個人都是透過自己的辨別能力，在自己的言行之中，去隨時調整自己的聲調和表情，去適應別人，同時也影響別人。

人與人相處得好，也要看雙方配合得如何，如果兩人的感覺非常契合，那麼，兩個人就會非常投機，雙方在一起時就會很愉快。反之，就會產生摩擦，就像機器的零件，如果尺寸有點小小的差別，還不至於出問題，或許只是運轉沒有那麼順暢就是了，但如果差異大一點，摩擦就大一點，如果不及時調整就會出問題，於是便由小小的不愉快，發展成大大的不愉快。

人與人之間的關係正是如此，你不理我，我不理你，也就算了，但如果關係太密切、太長久、太重要，卻始終無法磨合，那關係就大了。

因此，在社會上有些相愛多年，共度患難的老夫老妻，最終竟也走到了非分手不可的地步。有時，相識多年、合作很好的朋友，也會決裂拆夥。這其中有一個重要的因素，就是彼此之間的關係，在分寸的拿捏上出了問題，換句話說，彼此對於個體的差異，缺乏多一分的尊重，於是立場不同，就很容易產生誤會。

一 文化大不同

當然，個體差異的範圍很廣泛，其中最明顯的就是在不同文化下所養成的風土民情，比如，你在餐廳點了一杯啤酒，卻赫然發現啤酒裡有一隻蒼蠅，你會怎麼辦呢？

英國人也許會拿出紳士風度對服務生說：「請換一杯啤酒來！」而法國人會將杯中物傾倒一空；西班牙人則不會去喝它，只留下鈔票，不聲不響地離開餐廳；日本人呢？會把餐廳經理叫來訓斥一番；美國人會幽默以對，向服務生說：「以後請將啤酒和蒼蠅分開放，讓喜歡蒼蠅的客人自行添加，你覺得如何？」

或許這是刻板印象，但卻點出了不同民族在面對相同情況，接受相同刺激時的不同反應。雖然他們的價值取向是相同的，但表現方式卻各具特色，追究其根源乃是各國民族在不同文化下擁有不同心理素質所造成的。

現代國際化社會，人口移動越加頻繁，人與人的交往也越加密切，也許你的朋友之中就有來自不同國家、民族的人，在外商公司裡這種現象最為普遍。如果你身邊的人和你並不是同一個國家或民族的人，與他們相處時你一定要小心注意，尤其要尊重對方的民族習慣與想法，不要以自己的想法去衡量、揣摩對方。瞭解對方的民族習俗與想法，對你非常重要，如果你不去瞭解、尊重，那麼你很可能會無法與同事友好地溝通、相處，有時還會變成嚴重的歧視。

華人社會強調對個人的約束，歷來以謙虛為美德，就是主張個人與社會的協調性。但美國是個重視個人獨立性的國家，美國人通常更願意直截了當地坦率表示個人意見，喜歡直來直往，因此，東方人的「自謙」有時對他們而言，往往是不切實際又難以理解，一味按照自己的思維方式來理解字面涵意，自然會引起誤會或衝突。

如果在美商公司面試時說：「雖然我的能力有限，但請你雇用我。」那一定會被拒於門外。「能力有限，我雇用你幹什麼？」這可能是面試官心裡的老實話。所以如果你振振有詞地介紹你的工作能力，他們反而會很樂意雇用你。

若我們身邊有各種不同國家、民族的同事，我們說話辦事時一定要考慮對方的文化背景，只有這樣我們才能處理好與這類同事的關係。

感知差異

感知是人類認識事物與世界的基礎，它是人類獲得來自外界環境和自身內部各種資訊的主要管道。「心理感知」交往會對人與人之間的來往有比較大的影響，因此感知差異常常會阻礙人與人之間的交流。

在與人相處時，如果沒有注意對方的心理感知，就很有可能會造成誤會，影響你與他人之間的關係，給人留下不好的印象。曾任美國總統的吉米．卡特（Jimmy Carter）就有過這方面的教訓：

一九七六年的美國，經過一番激烈的競選後，吉米．卡特最終戰勝福特入主白宮，就任總統。上任後不久，卡特在白宮發表電視談話，一改以往總統的穿著習慣，想在穿著打扮上表現出一副無拘無束的樣子。在電視直播的螢幕前，當著全國電視觀眾的面，他竟不穿禮服，而是穿打著領帶的羊毛衫，下身著一條藍色工裝褲。

這位美國總統的本意，或許是想給美國人民一個全新的印象吧，想把最高層次權力者的形象變得更具親和力，進而使人們覺得總統和我們是一樣的，是一位衣著輕鬆的平民。可是後來，卡特卻遭到人們的非議。因為在美國，許多人並不喜歡總統這樣隨便，他們認為藍色工裝褲和色彩斑駁的羊毛衫，表示治理國事的人是牧童嬉皮客，而讓嬉皮客來治理國家是令人不放心的。後來，卡特總統再也不敢穿這樣出現在公眾面前了。

吉米・卡特這樣弄巧成拙的例子，是沒有準確掌握大眾心理的典型。事實上，卡特認真考慮過公眾的感受，但這種心理上的差異卻導致了最後的失敗，而這種心理感知的差異，正是造成日常人際交往障礙的原因之一。

因此，我們在與他人相處、溝通時，千萬不要把自己的心理感知強加在對方身上。只有瞭解到這種心理感知的差異，並準確掌握對方的心理、心態，才能避免不必要的誤會。

情緒失控

感知的落差有時也會導致情緒上的波動，一個不小心就容易感情用事，讓情緒失控，最後大發脾氣，但情緒對於溝通來說，除了動之以情的場合外，多半是弊大於利的存在，也是溝通中誤會產生的溫床。

我們都知道，個性比較急躁的人在看待問題和處理問題時，一般都不是以客觀事實為基礎，他們大多不講道理，甚至缺乏理智。瞭解他們的這些特點以後，我們在實際生活和工作中，遇到這種不講理的人時，就要保持足夠的冷靜和理智，絕不要以粗暴的態度對待他們，更不能像他們一樣不講道理。如果我們不能好好控制自己的情緒，那麼只會出現令雙方都不愉快的局面。

我們身邊有些人的脾氣實在是太差了，一點火就爆發，我們大可不必與他們發生衝突。當然了，也用不著過於委屈自己，與這種人相處，必須講究一定的方式，遵循一定的原則。

志強和建中都是同一個辦公室的職員，有一次建中因為一些事情被上司嚴厲地批評了一頓。回到辦公室，志強看他臉色不對，就關心地問他：「出什麼事情了，是不是哪裡不舒服呀？」

志強本來是好意，可沒想到建中聽了他的詢問後，竟然蠻橫地說：「你就希望我出事是不是？我被上司責備已經夠倒楣了，你居然還希望我身體出毛病，你這個人真狠心！」

聽到建中的話以後，志強也忍不住發火：「你這個人講不講理啊？我好心好意問你，你竟然狗咬呂洞賓，活該你被罵！」

就這樣，兩人吵了起來，始終沒有和好，而辦公室裡的其他同事也和他們很少來往，因為大家都覺得這兩個人不太講理、很難相處。

像這樣，原本的好意卻演變成雙方的誤會，無論是在職場還是生活周遭，相信都是很平常的風景，由此可見，與ＥＱ不好的同事相處時，一定要保持冷靜，任何情況下都不要像對方一樣喪失理智，絕不能與他們硬碰硬。如果以粗暴的態度相待，那只會加重事態的惡化。

既然不能以粗暴的態度對待這些人，那麼在遇到這樣的人時，我們就該任其誤解自己，讓自己委曲求全嗎？

答案當然是否定的，我們應該保持以「理」相待的原則來面對，盡量避免誤會產生。

保持中庸

人有時只為了一口氣，便不自覺地犯了小題大做的毛病，不懂得凡事看開一點，忍耐一點的道理，非要在口舌方面贏對方，結果兩敗俱傷，徒惹他人竊笑。

人與人之間無法融洽相處，造成水火不容的原因，往往是彼此缺乏溝通，產生誤解，心中的怨恨與日俱增所致。每個人其實都有自我，差別只在於自我中心的強弱多寡。我們常常看見有些人把自己的人際關係弄得非常惡劣，上司對下屬諸般虐待，不是強迫他們完成種種他們沒有興趣的工作，就是拿自己看不順眼的人當作發洩對象，對他們諸多挑剔及侮辱。而下屬對上司也是惡言相向，對上司指派的工作或陽奉陰違、或辦事不力，故意把工作做壞，這些都是雙方缺乏溝通的結果。大家都把大部分心力花費在對付自己不喜歡的人身上，公報私仇，對於公司的前途毫不關心，既不敬業也只徒留自私，於公於私皆無一好處。

因此聰明人要懂得學習中庸之道，即保持客觀看待事物，盡量不讓自己被情緒或個人觀感給牽著鼻子走，保持不遠不近的距離，才能把事情看透，也才能以「理」相待，化解不必要的誤會。

零的溝通

換句話說，一個得到下屬愛戴的上司，在下屬犯錯時，不會立刻當眾把對方臭罵一頓，而是先考量犯錯的原因，有時錯誤不是直接來自下屬，而是另有其他原因，倘若如此，先罵再說豈不是錯怪部屬？因此，部屬犯錯其實是他們成長的好機會，使下屬明白自己的過錯，給他們一個將功贖罪的機會，不僅能獲得部屬的尊敬，其他同事也會對這樣一位上司暗中喝采。

由此可知，領導者除了需要具備知人善任的本事外，更重要的是以誠待人，如此才能將誤解與紛爭減至最低限度。

02 養成對誤會說NO的溝通方式

能成為朋友、戀人、夫妻……往往都是心有靈犀，但是我們也不得不承認，即便是肝膽相照、朝夕相處，雙方也可能會因為誤會而變得非常不愉快，甚至傷害彼此，造成終生遺憾。

人就是這樣，誰在背後不說人？誰在背後又不被人說？己所不欲，「而」施於人，這大概是人的劣根性之一吧！背後議論，人之常情。然而，由於個人認識的侷限性，人與人之間的好惡與向背的情緒又難免滲進議論；因此，議論往往也就不由自主地偏離事實真相，誤會的發生也就在所難免了。

溝通之前的基礎

人性本是如此，但自知方能改善，這才是文明發展的原點，也是人類社會不同於動物發展的特點，所以在人際關係上，有些基礎是先於溝通之前，如果沒有這些共通的基礎，溝通的方向難免就會走向誤會。

相互尊重

人與人之間，若有充分的尊重，就能夠避免誤會，營造出和諧的氣氛。

據說抗戰勝利後，張大千要從上海返回四川老家，行前好友為他設宴餞行，並特邀梅蘭芳等人作陪。宴會開始，大家請張大千坐首座。張大千風趣地說：「梅先生是君子，應坐首座；我是小人，應坐末座。」

梅蘭芳和眾人聽了都不解其意，於是張大千解釋說：「不是有句話講『君子動口，小人動手』嗎？梅先生唱戲是動口，我作畫是動手，我理該請梅先生坐上首座。」

滿堂來賓聽後為之大笑，並請兩個人並排坐了首座。張大千自稱「小人」，好似自貶，實則「醉翁之意不在酒」，對梅先生表示了自己的尊重，此舉表現了張大千的豁達胸懷和謙虛美德，同時又製造了寬鬆和諧的交談氛圍。

由此可知，當我們對人尊敬一分，對方也會回敬一分，有時還會回敬三分，如此一來，就能為彼此的交流溝通創造一個好的開始，給彼此留下好印象，好的開始即是成功了一半。

保守祕密

商場上對於「保密」非常重視，因為共享祕密代表的是彼此的「信任」，所以只要有一方洩漏了商業機密，那麼合作往往會是無法挽回的破局。

人與人之間也是如此，朋友把自己的隱私告訴你，裡頭可能涉及到家庭糾紛、生理缺陷、個人恩怨等等，這種坦白除了是一種信任外，也是一種情緒的發洩，既然是祕密，自然需要保密，否則不會被稱為祕密或隱私，朋友講給你聽，自然不會希望你主動散布，搞得人盡皆知。

也許對方沒有直接要求你保密，但這如同尊重一樣，是一種不言而喻的自發性義務。他沒說，或許覺得說出來顯得對你不夠信任，是一種冒犯，但實際上，他對你是極度信任的，否則不會告訴你。對此，你只有為他分憂解難的義務，而沒有把這些「隱私」張揚出去的權力。如果是無意間的洩密，還情有可原，你可以認真地向朋友做出說明，請求得到他的原諒。但如果是故意的，則是讓人無法容忍的，以後可能也不會有誰再把你當成知己，傾訴衷腸。

遠離猜疑

俗話說，防人之心不可無，但疑心容易生暗鬼，過度猜疑不僅無法取得信任，

零的溝通

更會破壞信任，使人自尋煩惱，因為猜疑一般總是以某一假想目標為出發點進行封閉性思考，這種思考從假想目標開始，最後又回到假想目標上，就像一個圓圈一樣，越畫越粗，越畫越圓。

生活中不乏因猜疑而害人害己的事情，因此我們應該學習從自我的主觀想像中走出來，因為之所以會發生猜疑，一個很重要的原因就是思維方法上主觀臆度的色彩太濃，沒有根據地加強了心理上的消極自我暗示，這自然是很不好的。

解決的方法很簡單，那就是多和對方溝通，交心才能知心。人們常說：「長相知，才能不相疑；不相疑，才能長相知。」有了這個牢固的基礎，猜疑自然就會煙消雲散了。

同時加強積極的自我暗示，當自己的懷疑越來越重時，要盡力提醒自己「踩剎車」，冷靜一下，不要意氣用事，而是把事情客觀地想過一遍，因為人在猜疑的時候，容易被封閉性思考所支配，這時絕對需要冷靜克制，多設想幾個對立面，冷靜分析以後，仍然難以解除猜疑，或如果真的出了問題，再把煞車放掉，否則自顧自地為對方開脫，那就是自欺欺人了。所以條件允許時，可作一些調查，更重要的是和對方多溝通，以澄清事情的真相。

此外，不少猜疑都是由別人的閒話所引起的，因此不要盲目相信別人的閒話，要知道眼睛也有欺騙你的時候，很多場合我們都會被眼睛所看到的表象給欺騙了，更何況是道聽塗說。

你說，我說，他說，話該怎麼說

正常狀況下，每一個人生下來至少都會說一種語言，稱為「母語」，但會說，不一定知道該怎麼說，有時說得不對，還不如學習「沉默是金」的奧祕，所以說話還是有一些原則需要遵守的。

注意說話的禮節

適當的禮節，不僅對於人與人之間的交往十分重要，在談話中，它也會發揮不可忽視的作用。因此，一個有經驗的談話者總是保持著恰如其分的禮節，在談話中使用禮貌的語言，如你好、請、謝謝、對不起、再見等等。

在社交場合中談話，一般不過多糾纏，不高聲辯論，更不能惡語傷人，出言不遜。即使爭吵起來，也不要斥責、不譏諷辱罵。當然也可適當做些手勢，但動作不要過大，手舞足蹈，更不要用手指指人。與人談話時，不宜與對方離得太遠，但也不要靠得太近，另外，記得千萬不要唾沫四濺，口沫橫飛。

若有事想與某人說話，應等別人說完。有人與自己主動說話，則應樂於與其交談。當有第三者參與談話時，應以握手、點頭或微笑表示歡迎。發現有人欲與自己談話，可主動詢問。談話中遇有急事需要處理或要離開，應向談話對方打招呼，表示歉意。

在交際場合，自己講話要給別人發表意見的機會，也應適時地發表個人看法：要善於聆聽對方談話，不輕易打斷別人的發言，一般不提與談話內容無關的問題。如對方談到一些不便談論的問題，不對此輕易表態，可轉移話題。在相互交談時，目光應注視對方，以示尊重。對方發言時，不要左顧右盼，心不在焉，或者注視別處，顯出不耐煩的樣子，也不要老看手錶，或做出伸懶腰，玩東西等漫不經心的動作。

談話內容盡量不要涉及疾病、死亡等事例，不談一些荒誕離奇、聳人聽聞或者黃色淫穢的事情。一般不要詢問女性的年齡、婚姻狀況，正所謂「見了男士不問錢，見了女士不問年。」也不要直接詢問對方薪資收入、家庭財產、首飾價格等私人生活方面的問題。另外，對方不願回答的問題不要追問，也不要追根究柢。對方反感的問題應表示歉意，或立即轉移話題。

若談話現場超過三人時，應不時與在場的人都談幾句，不要只與一兩個人說話而不理會在場的其他人，也不要與別人只談兩個人知道的事情而冷落第三者。如果所談的問題不便讓旁人知道，則應另找場合。

插話的時機

許多人過分相信自己的理解能力和判斷能力，往往不等別人把話說完就中途插嘴，因此常會發生誤會。這種急躁的態度，很容易造成曲解，不只弄錯了對方的意圖，在中途打斷對方，也會有失禮貌。

當然，在別人說話時一言不發也不好。對方說到關鍵的時刻，說完後，你卻只看著對方而不說話，對方會感到很尷尬，他會以為沒有說清楚而難以繼續說下去。

有些人在別人說話時，彷彿都將話聽進去了，等到別人說完，卻又問道：「很抱歉，你剛才說些什麼？」對他來說，也許只是一時心不在焉，聽漏了重點，但是對說話的人來說，這卻是一件很失禮的事。

人們常會輕率地問：「剛才這個問題，能再解釋一下嗎？」或者不經大腦就說：「我不太瞭解剛才這個問題的意思。」這些話都其實都不得體，所以你不妨禮貌地表示：「據我剛剛聽到的，你的意思是否是這樣呢？」藉由再次確認來了解對方的說話內容與意圖。

即使你真的沒聽懂，或聽漏了一兩句，也千萬別在對方說話途中突然提出問題，必須等到他把話說完，再提出：「很抱歉！剛才中間有一兩句你說的是……嗎？」如果你是在對方談話中間打斷，問：「等等，你剛才這句話能不能再重複一遍？」這樣，會使對方有一種受到命令或指示的感覺。

俗話說：「聽人講話，務必有始有終。」但是能做到這一點的人卻不多。有些人往往因為疑惑對方所講的內容，便脫口而出：「這話不太好吧！」或因不滿意對方的意見而提出自己的見解，甚至當對方有些停頓時，搶著說：「你要說的是不是這樣……？」中途打斷對方的話題是沒有禮貌的行為，有時會產生不必要的誤會，由於你的插話，也很可能會打斷了他的思路，要講些什麼他反而忘了。對方說不定會想：「那你來講好了。」

一個精明而有教養的人在與他人交談時，即使對方長篇大論地說個不休，也不會輕易插嘴，而是尋找適當的時機開口，因為隨意打斷他人的言談，不僅很不禮貌，也容易讓事情不易談成。

不做句點王

電視上常看到被訪問的來賓一時間未能把話說下去，主持人便立即作出反應，幫來賓把話接走，使談話得以輕鬆地進行。其實，這種言談交往藝術，在我們日常生活也很常見，只是我們不以為意罷了。

協助對方把話說下去，是對朋友的起碼尊重，也是與人溝通的基本禮儀。然而，怎樣協助朋友把話說完呢？最好的辦法，是及時地用上評語或誘導性的詞語。

例如，朋友說張三和李四為了金錢爭執起來。你如果接上「人家爭吵關我們什麼事？我最討厭聽到為錢吵架的事！」這就封住了對方的嘴巴，就像剛要進門，眼前的門卻「碰」的一聲被關上，那樣令人掃興。反之，如果接上「是嗎？」對方話匣子就打開了，當對方說得差不多時，再進一步問說：「結果呢？」新的對話之路又開闢出來了。

協助對方把話說下去，首先當然要全神貫注地聽對方說話，還要一邊整理概括，一邊判斷對方說話的原意，留意體會其語調，觀察其表情和動作姿態，然後進行綜合分析。試著想想：如果連對方說的話也理解錯誤，又要如何把人家的話接下去？

加入談話的時機

在宴會、生日舞會上，我們時常可以看到朋友正和另外一個不認識的人聊得起勁，此時，每個人都有加入的想法。可實際上，你只不過是想聽聽他們到底在講些什麼罷了。但是，一方面你不知道他們的話題是什麼，而且你突然加入，可能會令他們覺得不自在，甚至使他們的話題接不下去，到後來場面氣氛轉為尷尬。這時大家一定會覺得你很沒禮貌，也因為你這位不速之客，致使自己的朋友感到尷尬或不滿。

如果碰到這種情況，你最好等他們說完再過去找你的朋友，即使真有事必須當時告訴他，給他一些小動作的暗示，他就會找機會和你講。同時也要注意，不要靜悄悄地站在他們身旁，好像在偷聽一樣，盡可能找個適當的機會，禮貌地說：「對不起，我可以加入你們嗎？」或者大方、客氣地打招呼，請你的朋友介紹一下，就能很自然地打破這個情況。

玩笑適度

茶餘飯後，不少人喜歡以幽默的語言使人捧腹，或以詼諧的比喻令人發笑，或者你戳我一下、我逗你一下來活躍氣氛，使大家在說說笑笑之中增進友誼，加深感情。然而，朋友間開玩笑也要有分寸，否則很容易適得其反。

最近新聞上，有兩個年輕人在大街上大打出手，警察到場介入後，才了解原來兩人是朋友，卻因為一方開玩笑過火，而導致雙方不悅，動手動腳。

所以玩笑話本意是為了緩和氣氛，最後卻弄得別人肚裡直冒火，能有什麼好處呢？

因此玩笑可以開，但不可隨便亂開。會開玩笑，使人人高興，皆大歡喜；不會開玩笑，既達不到玩的目的，也收不到笑的效果。

其實，開玩笑也有講究。第一，玩笑的內容要健康。既是開玩笑，就要好玩，能引人發笑，促進氣氛活絡；或者是透過開玩笑互相激勵、鞭策進步。如果是惡作劇，把人弄得直冒火，那就開到歪路上去了。還有一些人，開玩笑的情趣不高，甚至拿一些庸俗無聊的話來引人發笑，這也很難使人發出會心的笑聲來；還有的人拿別人的缺點甚至生理缺陷開玩笑，把無聊當有趣，那就更讓人不能忍受了。

第二，開玩笑要適當，不可開得太過分。尤其是年輕人愛動手動腳，你踢我一腳，我捅你一下。這樣開玩笑雖無不可，但如果「逐步升級」，你摸我一下，我就揍你一拳；你踩我一下，我便踢你一腳，不占便宜不露笑，就可能把玩笑弄成打鬥，如果不顧安全、不想後果，開玩笑開出意外來，那教訓可就慘痛了。

第三，開玩笑要看對象。有的人嘻嘻哈哈，愛逗樂；有的人不苟言笑，動不動就臉紅；有的人自尊心特別強，你給他開個玩笑，他覺得對他不大敬重，說不定還會讓你下不了台；還有一種人，高興時怎麼都行，不高興時一句話就冒火，這就需要「差別對待」了。

PART 2

零誤會：完美溝通的原點

03 回歸溝通的本質

誤會往往是因為說出來的話，引起了他人的誤解而產生，所以我們更需要格外注意溝通的技巧，盡量避免話語的詞不達意，而扭曲了自己的本意，讓溝通無效化。為此，我們不該學習花言巧語或業務話術，而是應該想想溝通的本意為何，以及談話的本質。

如何清楚表達想法呢？

語言學習常常有一個迷思，認為學習外語就要讓自己變得跟外國人一樣能說，可是這就造成了一個盲點，那就是你學習外語的目的為何？在溝通中，語言只是工具，外語能力好或不好，其實並不是界定於你的文法好不好，腔調標不標準，而是取決於能否與人達到溝通的目的，所以在英國劍橋大學英語考試院設計的雅思（IELTS）檢定中，便將是否能夠使用英文清楚表達想法作為英語能力的考核標準。因此，「清楚表達想法」才是人與人溝通時的本質，而其中有一些因素需要特別注意。

注意講話速度

在與人交談溝通的過程中，首先要留意自己是不是說得太快了？如果說話太快導致字音不清，就會使人聽了等於沒聽。即使快而清楚，也不足以仿效。說話的目的在於使人全部明瞭，別人聽不清，聽不懂，就是浪費時間。所以我們要訓練自己，講話的聲音要清楚，快慢要合度。你說一句，人家就要聽懂一句，不必再問。

其次，說話的聲音不要太大聲。在熱鬧的街道上、賣場裡，或者是在有嚴重雜訊干擾的地方，提高聲音說話是不得已的。但是平時就不必也不能太大聲，尤其是在公共場所或會客室裡，過高的聲音會使對方感到不舒服。

說話雖不能太快也不能太響，但在談話中，每句話的聲調也該有高有低，有快有慢。說話如果有節奏，快慢合適，這將使你的談話充滿情感。

留意說話的聲調和表情

同樣一句話，如果我們說話時，聲調不同、表情不同，別人聽起來的意義也不同。在與人相處時，這一點非常非常重要，而且應該特別加以注意。

為什麼有的人常常被人誤解呢？為什麼有些人，原意是要安慰別人，反而惹人反感呢？為什麼有些人，原意是要讚美別人，反而使人認為是諷刺呢？為什麼有些人，原意是要跟別人和好，反而引起一場爭吵呢？

首先，就是在用字遣辭方面缺乏分寸，用了不適當的詞句，使對方發生誤會。但更多的時候，是因為對自己的說話和表情沒有分寸。他們以為只要把話說出來，就已經完成了任務，完全不知道內容和表情上的小小差異，也會把原來的意思加以歪曲、變形。

另外一方面，聲調也是一個很重要的因素。有位朋友，他說話的時候，聲調一向是很冷很硬。即使他在內心裡對別人充滿了溫暖和同情，但他的話一出口，便好像經過冷藏一樣，變得又冷又硬。因此，他有許多表示溫暖同情的話，別人聽起來都好像是冷言冷語，甚至是諷刺、挖苦，至少也覺得他的話並不是出自內心，而是一種客套和敷衍。

還有一位朋友，他說話時聲音很大，在平常還無所謂，但一到交女朋友的時候，就發生問題了。因為在交女朋友時，有許多比較親密的話是不宜大聲說的，而且一般的女孩子，也實在不喜歡她們的男朋友說話那麼大聲。

簡簡單單的一句話，也要講究藝術，只有在這些小細節上多注意，才能避免與別人發生誤會。

講求言簡意賅

有些人在敘述一件事情時，拚命說許多話，還是無法把他的意見表達出來，結果對方費了很多時間與精力，卻抓不到他話中的意思，造成了誤解。所以，話未說出時，應先在腦裡打好一個草稿，擬幾個重點。

經常檢查自己的說話表現

良好的溝通能力，從某種意義上講可能比知識水準、分析能力和智商更為重要，而良好的溝通並非只關乎說話，而是一個人的整體表現，所以不妨經常檢查一下自己的說話方式，看自己是否具備以下這些良好溝通的特點：

□ 溝通中帶有自信且不說廢話。
□ 態度輕鬆瀟灑，避免因緊張而導致溝通不良。
□ 說話誠實。
□ 關心對方的興趣與好惡。
□ 保持適當的幽默感。
□ 避免讓情緒左右了訊息的傳遞。
□ 避免預先下結論而不當反應。
□ 第一反應要正面而肯定，即使完全不同意對方的觀點，也要保持禮貌。

改變你的表達方式

在理想中，人際關係都應該以彼此間的真誠尊重、順暢溝通和關懷體諒為基礎。可惜的是，實際情形並非如此。有些人常常對別人步步進逼，不斷地提出請求、索取和進行試探，直到遇到對方抗拒為止。而許多人，儘管自己有足夠的權利和理由，卻不肯抗拒這些試探，事後還找出種種理由來解釋他們何以永遠被欺侮。所以如果想轉變這種溝通困境，唯一的路徑就是改變溝通的方式。

1 改變不適當的溝通心態

我們在與人交往時，常常會犯下一些錯誤的溝通方式，比如，給別人一個現成的託辭，「你最近天天遲到，不過，我知道你不是一個早起的人，要那麼早就開始工作是很難的。」如果你給了對方一個藉口，他便會認為你可以容忍他的所作所為，同時他還認為你是個軟弱無能、不願貫徹意旨的人。

常見還有當提出合理要求時又事後表示歉意，例如，媽媽厲聲叫兒子打掃他的房間，但三個鐘頭後卻對兒子說：「孩子，我剛才不應該粗聲對你說話。你知道嗎？我不是生氣，因為我知道你一定會自動打掃你的房間的。」做完一件事之後表示的歉意，通常是心有內疚或憂慮的結果。用這樣的方式來取消一個堅強的聲明，會使你喪失自尊。

而分派任務時過分予以寬限，則只會陷自己於不利之處。

例如，「我真的要在星期五看到那份報告，不過我可以等到下星期。假如事情順利的話，也許再遲一點也無妨。」請刪去那些「假如」和「不過」之類的字眼吧，一項清楚說明你希望那份報告什麼時候完成的聲明，既能防止誤解，又可以使報告更有可能及時交卷。

當然，出現這些狀況時，有時怨不得別人，一切都是自找的，所以你也不該把責任全推給別人，應該學著為自己負責，因為會犯上這些溝通錯誤的人，通常也會在溝通時把責任推給他人，例如「老闆說你應該……。」或是「你爸爸說你必須……。」之類的說法，雖然可使說話的人不負責任，卻使自己變成了一個毫無實權的傳話者。假如你一開始就說「我要你做……」，人們就會把你看作是一個堅強的人。

2 採用更為有力的辦法

消極的人常常以為，他們就是不吩咐，別人也會知道該怎麼做，如此一來，往往會引起許多不必要的問題，所以有事就要直截了當，把你的期望說得清清楚楚。

想要說得清清楚楚，就要在說明問題之前，先考慮透徹，預先在腦子裡有個概念，你才能陳述得合情合理。同時要明白，躲避問題只會使問題更趨嚴重和更難解決，如果一開始對於較小的問題及早處理，那無異是一開頭就說明了你的期望，而別人也就能確實知道你的看法。

想確實讓人知道自己的想法，有些人可能會以為說話大聲或是大發脾氣，是最能表現自己想法與立場的方式，可是事實上，這種方式只會讓他人為自己辯護，以至於真正的問題通常解決不了。同樣的道理，如果別人聽了你的話之後產生過分激動的反應，你也不可感到憤怒。你的毫不動氣，可以在相形之下顯出對方的態度很不成熟，而且，你的鎮定通常還能使他冷靜下來，如此溝通才會有意義。

除此之外，想要讓自己在溝通之中立於有利之處，還可以善用自己的地盤，就像球隊在本地和外隊比賽時，通常較容易獲勝。同理，維護自己的權利也是一樣。在一位同事的辦公室或他的家裡和他對抗，往往會處於下風。因此，在可能的範圍內，最好在你自己的「地盤」上堅持你的意見，這樣你便可以占到不少微妙的便宜。

同時在說話時眼睛要與對方保持接觸，不要反覆不斷地說明你的理由，而是要用停頓來加強效果，用適當而非挑釁的手勢來強調你的論點。但切記不要虛張聲勢，因為你在虛張聲勢的時候，即使年幼的孩子也知道。要建立你的威信，就必須說明你的合理期望，以及說明如果這些期望不能達到時會產生什麼後果，然後貫徹到底。要贏得別人對你的尊重，只有讓他們確實知道你言出必行。

如何提問呢？

生活中的問話有三種機能：釋疑、啟發及打破談話的僵局。學會問話的技巧，對於解除誤會有極大的幫助。

問話要講究技巧，高明的問話不但能使你避免誤解、達到目的，而且被問的一方也不會發生誤會，下面是九大提問形式和方法。

直接型提問

提問，需要考慮環境及時機。提問者要根據不同的環境和時間使用不同的提問方式，有時需要委婉，有時需要直接。直接型提問屬於後者，當我們需要對方毫不含糊地做出明確答覆時，直接型提問是一種比較理想的方式。

一般說來，生活中常見於父母對孩子的責問，上司對下屬的工作詢問。如果交談者雙方關係比較密切，而所提問題又不會引起不愉快的後果時，也可以採用這種方式。直接型提問直來直往，速戰速決，節省時間。但一定要注意場合和時機，否則就會事與願違。

誘導型提問

直截了當地提問，是要求直接求得答案。但也有一種情況，回答者出於知識水準或因與個人利益有利害關係，不急於直答。這時你可以採用誘導型的提問方式，這種發問方式不是為了要替自己解疑而問，而是為了緊緊吸引對方思考自己的問題，誘導對方接受自己的觀點，所故意向對方提問的方式。它具有誘敵深入、扼喉撫背的效果。

啟示型提問

這種提問方式重在啟示。要想告訴對方一個道理，但又不能直說，那麼通過提問引起對方思考，直至明白某個道理。例如：老師在指出學生的錯誤行為之後，常常會接著問：「你覺得這樣做對嗎？」就是一種啟示型提問。

選擇性提問

選擇性提問容易形成友好的談話氛圍，被提問者可以根據本人的意願，自由地選擇答案。比如炎熱的夏天，你家來了客人，你想給他弄點東西解渴，但又不知道他喜歡什麼，你可以問他：「你是要茶、果汁還是冰咖啡？」這樣讓客人選擇他自己喜歡的東西，增添友好的氣氛。

攻擊性提問

發問要考慮對象，尤其是被提問者與自己有利害關係時。如果對方是自己的競爭對手，提問的目的是為了直接擊敗他，你不妨可以採用具有攻擊性的提問方式。

雷根（Ronald Wilson Reagan）與卡特（Jimmy Carter）在競選美國總統時有一段精彩的論辯。當時，雷根向試圖連任的卡特提出了這樣挑戰性的問題：「每一個公民在投票前，都應該好好地想一想這樣幾個問題：你的生活是不是比四年前改善了？美國在國際上是不是比四年前更受尊重了？」雷根的提問猶如一枚重炮彈，極富攻擊性，在美國選民中激起了巨大波濤。結果在論辯之後，民意調查表明：支持雷根的人顯著上升。攻擊性問話的直接目的是擊敗對手，所以使用這種問話時，要具有幹練、明瞭、利己和擊中要害等特點。

迂迴性提問

義大利知名女記者奧里亞娜・法拉奇（Oriana Fallaci）以其對採訪對象挑戰性的提問和尖銳、潑辣的言辭而著稱於新聞界，有人將她這種風格獨特、富有進攻性的採訪方式稱為「海盜式」採訪。迂迴性的提問方式，是她取勝的法寶之一。

在採訪越南總理阮文紹時，她想獲取他對外界評論他是「越南最腐敗的人」的意見。若直接提問，阮文紹肯定會矢口否認，於是法拉奇將這個問題分解為兩個有內在聯繫的小問題，曲折地達到了採訪目的。

她先問：「您出身十分貧窮，對嗎？」阮文紹聽後，動情地描述小時候他家庭的艱難處境。得到關於上面問題的肯定回答後，法拉奇接著問：「今天，您富裕至極，在瑞士、倫敦、巴黎和澳大利亞有銀行存款和房產，對嗎？」阮文紹雖然否認了，但為了洗清這一「傳言」，他不得不詳細地道出他的「少許」家產。阮文紹是如人所言那般富裕、腐敗，還是如他所言並不奢華，已昭然若揭，讀者自然也會從他所羅列的財產「清單」中得出自己的判斷。

阿里．布托（Ali Bhutto）曾是巴基斯坦總統，西方評論界認為他專橫、殘暴。法拉奇在採訪中，不是直接問他：「總統先生，據說您是個法西斯分子？」而是將這個問題轉化為，「總統先生，據說您是有關墨索里尼、希特勒和拿破崙的書籍的忠實讀者。」從實質上來說，這個問題同「您是個法西斯分子」所包含的意思是一樣的，但轉化了角度和說法的提問，往往會使採訪對象放鬆警惕，說出心中真實的想法。它看上去無足輕重，卻尖銳而深刻。

假設性提問

假設用「如果」開頭引導的問句問對方能夠得到更好的結果，我們便要養成習慣，避免簡單用「是的」來回答對方的提問。比如說，你給顧客介紹一種產品，顧客問：「能做成綠色的嗎？」你知道能，但是你不說「能」，你反而問：「你喜歡做成綠色的？」顧客通常會回答說：「是的。」而後你再問：「如果我給你找一件綠色的，你會買嗎？」

用「如果」引導的問句把問題又還給了對方，有一位朋友就是用這種方法從業務主任升到業務經理。他問總經理怎麼做才能被提升為業務經理，然後他用「如果」提問方法，在一定的期限內完成所交派的任務，因此獲得提升。

我們可以用遊戲的方式來練習，直到成為自然而然的反應。例如，當家人請你倒杯咖啡時，你不要說「好」，而要問「你想喝杯咖啡嗎？」他們總是會說「是的」。而後你再說「如果我給你倒咖啡，你能……。」你可以提出任何要求作為倒咖啡的條件。

用「足夠」提問

問句中用「足夠」這個詞非常有效，可以快速了解對方的意願。

例如，「你覺得下星期一開始夠快吧？」也就是說這個回答並不意味著我們要開始，而是要在下星期一才開始。

或者，「你覺得十台電腦夠了嗎？」回答說「夠了」意味著十台電腦能滿足需要了。對方若是回答說「不夠」，那麼就是意味著還要增加！

這僅僅是最簡單的方法，只需稍稍練習就能掌握。

針對次要方面提問

我們如果對一個想法中的次要內容徵求他人同意的話，那麼也就得到包括對主要內容的同意。例如：「有了新的電腦系統後，我們應該配備第二台印表機吧？」

同意配備第二台印表機的人，在原則上已經同意購買新電腦了。

如何面對不同意見呢？

不同的意見和見解往往會造成雙方的誤解，如何靈活處理就需要一些技巧。處理不同意見和見解異議有以下四種基本方式。

不處理

我知道這種建議聽起來好像很奇怪，但是我覺得有時候某些異議可以置之不理。比如，你在介紹計畫時有人會說：「聽起來實施這個計畫會很複雜。」對此，你的反應可以僅僅是一個會意的微笑，然後繼續講下去，不再理會。

在簡報時，有人可能會說：「聽起來會很花錢！」對此你可以說：「對。」然後繼續解釋你的計畫，介紹從中得到的好處會如何大大地超出所需的投資。

我們在採取不理會的方法時應非常謹慎。如果這些異議對提問人來說真是問題的話，那麼他會始終記著，等你講完後他還會再提出來的。

一段時間後再處理

我們可以這樣說：「說得好，一會兒我會講到這個問題。」或者「我準備在講投資部分時再來談談這個問題，我把它留到那時再講，好嗎？」

另外，還必須注意對方的身體語言和表情，確信他暫時不會再糾纏這個問題，而且明白你會在後面講解。絕不能讓他認為你說後面再講，僅僅是希望大家會忘記這個問題。

立刻處理

一般情況下，最好的方法是立刻處理異議，當然這樣做會打斷你的發言或思路。你可以說：「這是一個很好的問題，很高興你能把它提出來，現在我們一起看看是怎麼回事。」「你說這個計畫可能難以落實，能否再詳細說說你的觀點，讓我能完全明白你的意思？」你從這些問題的答覆中，能更好地理解對方是怎麼看待問題的。等他答覆後你可以說：「要是我的理解正確的話……。」針對他提出的異議，你重新措詞解釋來肯定自己的計畫。

提出之前就處理

對付潛在問題，這是最有力的方法，能產生良好的作用。第一，這表明你已做了很好的準備，對提出的計畫，已考慮了他人會怎麼說。第二，你能把解答問題與你發言的內容巧妙地融合在一起，根據自己的時間表妥善處理各種異議。第三，你用自己的語言解釋問題，而不用被動地等待他人的提問。第四，你顯然是一點也不擔心會有異議，否則，你是不會自己提出來的。

你會這樣說：「現在有些人會說這個計畫可能難以落實，他們說的也許有點道理，但是……。」接著解釋計畫將如何容易地被落實完成。

「有些人會認為太貴了，但是我已經查核了所有必需的支出，平均下來每月只需一萬八千元。而這項投資每月能產生六萬七千元的收益。這是一項不錯的投資，你們不會不同意吧？」問題在提出前就解決了，這是最有效的方法。

04 用耳朵溝通，聆聽的藝術

朋友之間的交往，要善於說，也就是善於把自己的思想、感情傳遞給對方；善於聽，即善於透過對方的語言，判斷其真偽，捕捉其真意和事實。兩者比較，聽話比說話要困難得多。

有研究發現，一般人的說話速度是每分鐘一百二十至一百八十個字，思考的速度卻要快四至五倍。所以，聽話者注意力稍微分散一下，別人說的話就只能聽到一半。

有進一步研究指出，說話一方把自己想說的內容，根據需要，按照某種邏輯結構，用某種速度說出來，這裡的「某種」是指個人的喜好或習慣。這些話到達聽者耳裡，同樣還得經由聽者個人的喜好與習慣進行「某種」折射。所以，說者的本意與聽者的理解之間有一定的距離，這也是為何我們常說：「說者無心聽者有意。」

如何「聽話」？

我們要善於聽，也就是善於看穿說話人的真偽，善於抓住說話人的真意，以免造成不必要的誤會。此外，與朋友交談，還要善於聽出對方的言外之意。比如，昨天你的女朋友在你面前讚美某時裝店櫥窗陳列的新款時裝，你今天便悄悄買來擺在女朋友面前，那時她會有多高興多驚喜啊！

因此，聽話首先要全神貫注，不論是促膝懇談也好，面對面交換意見也好，不管處於什麼情境，採用什麼交往方式，都要認真聆聽，不能帶有情緒，更不能

零的溝通

帶有偏見，即使是無聊的話，也要有耐性地堅持聽下去。愛聽不聽的態度，是對對方的否定，最容易損害對方的自尊心。

其次，善於聽，不在於把別人的話逐句聽並記錄下來，因為這是不必要的，善於聽的重點在於善於一邊聽，一邊整理，把對方的話加以概括，抓住要點。當然，概括出要點，也不要主觀地論定，等對方的話告一段落或輪到自己發言時，才向對方提出，以資核定。如果與對方一致，那就說明自己沒理解錯；如果與對方不一致，應及時交換意見，切忌當時不說，過後糾纏不清。許多朋友之間的誤解與爭執，就在於不及時弄清楚。

換句話說，聽說話人的弦外之音並不難，只要用心聽，並且注意對方的表情、語氣，再聯繫平時的某些跡象，是會心有靈犀一點通的。

傾聽人說話，意味著要付出注意力，眼神不要左右飄浮，或做出緊張、坐立不安的舉動。不要讓心思遊移到明天要買的雜貨或想買的新衣服上。聽的時候，表情要放輕鬆，讓臉部隨著聽到的內容變化。舞台劇導演的困難工作之一，就是訓練演員表現出傾聽劇中另一個演員在說些什麼的樣子。如果你想成為成功的聽者，不妨就用同樣的方式訓練自己吧。

以前有一種理論，說想要贏得異性青睞的女孩，只要在男方描述他的成功事蹟時，抬起頭注視著他，同時崇拜地說出，「天啊，你真是天才！」之類的話語就成了。女孩表現得越愚蠢，他就越傾心。不過這個劇本已經有點改變了。

時下有太多女孩子變成了精明的女強人，突然變成愚蠢的小女孩，總讓人有些唐突。而男人似乎也變精明了，懂得區分真正關心他在說些什麼的女孩，和裝傻想要纏住他的女孩。因此，如果你想要贏得一個男人的心或影響他，可不要在他需要一個聰慧的聽者時，對他要出做作的那一套。

良好的傾聽意味著精神集中的配合，所以不時發問，偶爾提出一點不同的看法，會讓說話人知道你有心傾聽。如果你有支持他說法的個人經驗，在他談話停頓的間隙提出來，然後再把談話的主導權還給他，這種傾聽就不會只是單調的獨白，而是雙向的溝通，但記得，要簡短。

零的溝通

聽人講話的藝術一旦學到了，會使我們與他人溝通時更順暢。

做個會聽的人

大多數的談話過程是由一個人說話，另外的人則在等待輪到自己說話的時機。所以，這位等待說話的人並非完全沒有聽講，但他的聽講只是為了等待發言的那一刻。換言之，他並未注意傾聽，而是在暗暗地想著自己的心事。

「聽」和「聞」，在行使意志力上，有著微妙的差異。「聞」，名副其實是透過一個人的聽覺察覺出聲音，所以說「耳聞」；而「聽」是為了瞭解聲音的涵義，有全神貫注傾聽的意義。

若只是「聞」，就不必過於努力；但若是「聽」，就必須使之發生作用。每個人多少都患有想全神傾聽卻容易精神渙散的毛病。如果不注意傾聽說話的內容，而只是茫然地附和著音調的高低起伏，便很容易犯下過錯。

你有沒有隨著情況的需要，調整過你「聽」與「聞」的不同呢？現在，想像下面這些人的談話，分析聽話的程度。

①上司向你提出兩個月後要向公司最大一家客戶餽贈禮物的計畫。

②你的祕書不厭其煩地告訴你，她星期六在量販店裡找到許多便宜貨。

③你的兒子向你敘述他們球隊失敗的經過。

④你的上司向你談起他的度假計畫。

上述四個場合，引起你全神貫注傾聽的誘因是什麼？話題？恐懼或感情？有時，明明想仔細聆聽，卻在下意識中為了某一件事，注意力分散而無法集中。有時是對話題不感興趣，或是說話者的說話技巧拙劣，或是所說的話題缺乏價值。

也許，你還可以找到更多的答案，來證明人類的聽力是受到許多因素的影響。聽者的神態，盡在說者的眼裡。如果你是認真在傾聽，自然能給予說話的人肯定的回饋（鼓勵）。對方會認定你是一個理想的傾訴者，並將你的智慧估計得比實際高上許多。

學習聽講的技能，是一項很重要的社交能力，也是終身受用的。做一個好的聽眾也許很難，但是把這種寶貴的能力應用在工作、生活上，卻能受用不盡。

觀察別人的行為是件愉快的事，而且也是一項極為有趣的消遣。「三人行必有我師。」每一個人都有值得學習的優點。有些人說話口齒笨拙、詞不達意，但觀察他的行為舉止，卻隱有深厚的內涵。觀察一個人行動上所顯示出的人品、風格，會讓人覺得趣味無窮。在生活中，經常扮演一個熱心、冷靜的觀察者，必定能使你的生活更豐富。

從觀察別人開始，可以訓練自己的傾聽能力，參加聚會時，不管別人玩的是什麼遊戲，你都要積極參與，著手多方面觀察，一定可以從中拾取心得。

為了提高傾聽和觀察的效果，你必須經常設定一個目標。久而久之，你就可以成為不鳴則已，一鳴驚人的人物，受到眾人的仰慕。

在開會時，你要暫時充當偵探的角色，磨鍊自己的手段。你可以選定任何一個人，作為觀察的對象，仔細聽他的發言，小心觀察他的舉動，並努力透視他的心理。

傾聽不僅僅是用耳朵

傾聽的能力不僅依賴你的聽覺器官——耳朵，還依賴你眼睛所看到並傳遞到大腦中的視覺資訊。接著大腦就會透過對肢體語言的分析和對說話者的語調分析，加上實際上所聽到的任何資訊，來證實自己的判斷是否準確。

所以傾聽在溝通中的過程具有四個階段：

零的溝通

①聽到資訊：真正聽到說話者所說的話。
②分析資訊：綜合考量說話者的肢體語言、說話語調，分析要表達的意思。
③評估資訊：在內心做出評判，看說話者真正想要傳達的意思是什麼。
④做出反應：對資訊做出有意義的反應，給說話者提供一些有益的建議。

同樣的，你在說話時，你的肢體語言所傳達出的意思與你嘴上所說的不一樣，肢體語言也許就會洩露出你正在撒謊。人類傳遞資訊時所使用的幾種方式，在溝通中占的比重分別為：

7％—實際上所說的話
38％—語調、重音、語速和音質
55％—肢體語言

因此，人的大腦對於肢體語言是相當敏感的，從這個數據你可以發現，溝通變成了不只是要對對方所說的做出反應，而且要注意對方的語調和肢體語言，並保證自己的「言」與「行」一致，即我們說話的內容與我們的肢體語言，所傳達出來的意思是一致的，至少也不能是相反的意思。

所以綜合上述資訊，你會發現傾聽其實涵蓋了三個層面。

全身投入

當聽眾沒有什麼反應時，很少有人能夠把話說好。所以當一句話打動了你的心，你就應該動一下身體。當一個想法確實感動了你，你就該稍微改變一下坐姿想要成為好聽眾，就必須表現出自己很感興趣，讓自己的身體可以靈敏地去反應和表達。如果是真正熱心地聽別人說話，我們就會在他說話時看著對方，身體稍微向前傾，臉部表情也會有所反應。

零的溝通

深入聆聽

在你學習深入聆聽別人的傾訴時，你會發現人們在認知方面的巨大差別，你還會看到當人們在相互依存的情況下努力合作時，這些差別可能帶來的影響。瞭解他人，並與他人協助合作，這是成功過程中的第一步。即使另一個人沒有這個習慣，也要先尋求瞭解。

尋求瞭解

當你真心真意去傾聽，你就能夠接受影響。能接受影響是能影響別人的關鍵，當你的影響開始擴大，你對擔心的事情所能夠施加影響的能力就會得到加強。所以下次同別人交流時，可以先把自己的經歷放在一邊，真正去瞭解對方。即使人們不願談出他們的問題，你也可以透過移情作用，試著去感覺他們的心情，感覺他們的痛苦，你可以說：「你今天看上去情緒不太好。」他們也許什麼也不說。但這沒什麼，你已經表示了對他的瞭解和尊重。當你這樣做時，就會發現你的影響所帶來的情況改變。

人是複雜的，不論在什麼情況下，每個人都渴望別人理解自己。不瞭解他人的人很難與別人團結一致，不被他人瞭解的人，也很難掙脫孤獨和苦悶的陰影。

「瞭解」是人際活動中的基本要求，也是達成良好溝通的重要環節。全面展現自己瞭解他人的能力和素質，你就能保持人際關係的和諧。大家相處融洽，合作起來也就事半功倍了。因此技巧高超的傾聽能力在化解誤會時，扮演著舉足輕重的角色，只要你的溝通非常主動積極，就能創造機會。

當你需要作為傾聽者時，不妨藉由以下七點檢查一下自己是否是個合格的傾聽者。

零的溝通

□與說話者沒有眼神交流。
□不時打斷顧客說話。
□幫他們說完還沒說到的話。
□眼睛平視，視線在他們肩膀之上的遠方某處。
□邀請其他人加入你們的談話。
□當他們說話時，你正在心裡算計著下了班後該採購點什麼。
□一邊做其他事，一邊還跟他們說：「你說，我在聽。」

如果你勾選了上述其中一項，表示你需要好好省思一下自己的傾聽能力，因為你不夠高超的傾聽能力可能以經妨礙了你與他人的有效溝通。

移情傾聽

我們在聽另一個人講話時，也許會假裝在聽，敷衍地回應著，「是的，嗯，對的。」那根本不是真正在聽。我們也許有選擇地聽，只聽談話中的某些部分；或者我們會專心地聽講，集中精力注意聽人家正在說的話，但是我們很少有人在聽人說話時能夠「移情傾聽」。

這裡所說的「移情傾聽」，是指抱著瞭解的目的在傾聽。也就是說，首先尋求瞭解，真正的瞭解。移情傾聽能夠明白另一個人的觀點，你透過它來看問題，以他們看世界的方法來看世界，你要瞭解他們的模式，知道他們的感受。

例如，花些時間和孩子在一起，一對一地在一起。聽他們說話，瞭解他們。以他們的眼光看你的家庭、學校生活和他們所面臨的挑戰與問題。經常同你的配偶一起外出或者吃飯，或者做你們兩人都喜歡的其他事情。互相傾聽對方的傾訴，努力去體諒瞭解對方，雙方都通過對方的眼睛來看待生活。

像這樣為深刻瞭解所愛的人所投入的時間，能使你在坦誠的交流中獲得大收益。許多困擾家庭和婚姻關係的問題，根本得不到惡化發展的空間。

讓別人聆聽的祕訣

移情傾聽不僅僅是要記住、反應或者甚至瞭解對方所說的話。在移情傾聽的過程中，你是用耳朵來聽，但更重要的是，你還要用眼睛和心靈來聽，你要聽出對方的感情、意圖和態度。換句話說，移情傾聽需要帶入同理心。

移情傾聽的作用很大，因為它能給你行動時所需要準備的資料。你不必搬出你自己的經歷，不必去臆度別人的想法、感情、動機和解釋。相反的，你要瞭解的是那個人腦袋裡和心靈上的實際情況。

當你設身處地傾聽另一個人講話時，你就使那個人得到了心理上的尊重。當那個至關重要的需求得到滿足之後，那時你就可以集中精力來施加影響，或者解決問題。

要說服別人，最重要的是熱情。如果沒有要讓對方完全領會、接受的強烈心意，最後一定會無功而返。但也並不是說只要有熱情就夠了，為了讓對方願意聽下去，就必須在表現方式上下功夫。

表達清晰

有些人連自己做過的事也不能說明清楚。比如，只要說「昨天去哪裡，做了什麼事」就可以了。他卻從「昨天身體很不舒服」之類不著邊際的話開始說起，聽的人因為一直都沒聽到重點，所以就沒有認真聽，而講的人就變得很丟臉了。

說話不拖拉

拖拖拉拉的說話方式，會讓人聽不出話中的條理與邏輯，有時也會因意思不清

零的溝通

楚而招致不必要的誤解。在每次呼吸之間說完一句完整的話，讓對方完全瞭解，這種說話方式最好。

PART 3

溝通：解決誤會的良藥

05 水能覆舟亦能載舟

在前面我們說過，誤會是溝通的副作用，來自於不良溝通，可是同樣地，如果你從上文的脈絡看下來，或許會發現，化解溝通誤會的良藥，其實就是溝通本身。因此，溝通本身就像是兩面刃，端看使用的人如何運用，所以我們該學習如何進行良好的溝通，同時避免不良的溝通，如此才能遠離誤會，或者在不良溝通之後，透過良好的溝通來補救。

談話的時機

雅婷和志遠平時都非常包容對方，每當兩個人之間出現矛盾時，他們總是能夠回過頭去做些補救的事，從而使兩人和好如初。但是最近出現了一個難題，志遠近來總是忙於工作，晚上回家老是錯過了晚飯時間，這使雅婷很不安。

其實志遠正在忙一個非常特殊的工作專案，而這個專案必須花費他大量的下班時間，而且這個工作將持續幾個月。雅婷覺得自己被冷落，而感到孤獨。當她同志遠講起這件事時，他也非常不安，他問妻子，「我怎樣做，妳才會高興呢？」雅婷只是說：「你早點回家吧！」可是志遠很為難，「那是不可能的呀，我有許多工作要做。」這似乎便是他們談話的結果了。雅婷依然感到沮喪。志遠向來都是迎合她的，但這次，他實在不能滿足她的要求了。

最後，雅婷不再鬱鬱寡歡了，她開始思考解決辦法。不久，她有了個好主意，她找了一個適當的時機向志遠提議（通常志遠在洗完澡，身心放鬆時，比較容易答應她的請求），建議他調換一下時間表，讓他不要每天晚上都九點鐘回家，可以有一天晚上十一點鐘到家，而第二天七點鐘便到家。

零的溝通

志遠仔細想了一想便同意了，他覺得這個建議挺好的。於是志遠實行了這一個計畫。他開始工作到晚上十一點鐘，而莫麗沙會去辦公室給他送點外賣的飯菜，於是兩個人可以在吃飯休息時談談天。透過這一個辦法，雅婷同志遠又恢復了往日的默契。他們兩人這樣生活了六個月，志遠終於完成了工作。他們都很開心，彼此可以有足夠的時間在一起；而志遠也不會因為工作太忙而感到壓抑，因為吃飯的時候就能見到雅婷了。

其實，只要仔細思考，許多問題都會有最佳的解決辦法。而你如果有想讓對方傾聽自己需要的事情，千萬不能在不合適的時機談及。等到時機成熟，他（她）會更容易接受且聽得更清楚。

時機就是一切。當妳的老公剛進門時，妳就告訴他需要他幫忙洗碗，這極可能會使他想再退出去。當他勞累了一天後很晚才回家時，妳告訴他妳需要褒獎，那無疑將是一場災難。

當他（她）很冷靜，而且時機已成熟時，你提出建議是最好的。坐下來，使雙方的目光接觸，確信對方不再看報或者看電視了。如果你們兩人在吃過飯後思路更清晰，那就等吃完飯再說。

至於什麼時候是好的時機，什麼時候是壞的時機，並沒有絕對的答案，要因人而異，但一般而言，總是有一些共通點可依循，比如好的時機大約是：

- 當兩人情緒都良好時。
- 當雙方都能把全部注意力集中在對方身上時。
- 當兩人都休息充分時。
- 當兩人都有足夠的時間能澈底交談時。
- 當電視已經關掉時。

而不好的時機則大約是：

- 當其中一人情緒低落時。
- 當你們尚有其他矛盾未解決時。

- 當其中一人忙碌時。
- 當其中一人感覺身體不適時。

對話的注意事項

在社會的各個層面，都有透過對話達到相互瞭解、解除誤會的強烈需要，尤以商界為最。商業場合有很多因素，如組織結構優化、企業戰略聯盟、激發員工主觀機動性、以客戶為中心等等彙集在一起，強化了對話的必要。

對話和一般的討論之所以截然不同，在於它有三個鮮明的特徵：真正的對話中不存在對話各方的較勁，不存在級別高低的影響，觀點不同也不會有絲毫的懲罰，總之沒有任何形式的強人所難。

相互平等

對話之所以是對話，正在於對話各方已經建立了信任，位置高的人也放下身段，平等地進行交流。在形成了相互坦誠的心態後，各方才能以平等的身分，推心置腹地展開交流。

推己及人，認真傾聽

推己及人是一種通曉他人思想感情的能力，在對話中是不可或缺的。討論中的參與者可以不產生共鳴，但這只不過是討論而已，算不上對話。人們發覺，表達自己的思想容易，若要設身處地回應他人的不同觀點卻很困難。因此，討論比對話更加常見。

表明觀點，開誠布公

對話中別人可能會向你奉若神明的觀念表達不同意見，要想在對方提出敏感話題後，穩若泰山、不急不躁、坦然應答，確實需要練習，需要把握分寸。

以上三個注意事項，缺乏任何一個或者一個以上，對話就會變成一般的討論，或者其他形式的交流。

關心也是溝通的一種

你有沒有想過，溝通有時不需要長篇大論，也不需要深入交流，只需要一句簡單的真心問候就足夠？

的確，現實裡，人與人之間，最好的溝通良藥就是發自內心的關心，有時僅僅是一句話就抵上千言萬語，比起一切努力想要博得好感信任或說服他人都要來得實際，只要適時給予關心，一切就會大不相同，有時即使是敵人也能化敵為友。

以職場上的狀況為例，上司也是凡人，一樣希望有朋友同喜樂，解哀愁。下屬如果對上司能做到隨時關心，那麼上司自然會在心中將你當成朋友。

如果你的上司平常身體健康，精力充沛，在工作上也頗得心應手，公司內的人都認為他很有前途，可是有一天，他突然顯露悲傷的神色，很可能是家中發生了問題。他雖不說出來，一直在努力地抑制，可總會不自覺地在臉上流露出苦惱的表情。你若注意到這種微妙的臉色和表情變化，適時對他說：「經理，家裡都好嗎？」透過隨意問候的一句話，也許就能開啟他的心靈。

「不！我正頭痛呢，我太太突然病倒了！」

「什麼？你太太生病了！現在怎麼樣？還好嗎？」

「嗯，其實也不需要住院，醫生讓她在家中靜養。可是太太生病後，我才感到諸多不便。」

「難怪呢！我覺得經理你的臉色不太好，原來是你太太生病了，希望她能趕快好起來。」

「想不到你的觀察力這麼敏銳。我真佩服你。」

在上司最脆弱的時候去安慰他，這才是當下屬的人應有的體諒和善意。上司悲傷時，我們更不應再去刺激他，而應當設法讓他悲傷的心情逐漸淡化。上司的苦惱，在尚不為人知曉前，若你主動關懷，相信你的這份善意，即使是「鬼」也會受感動的。從此以後，你與上司之間的關係，自然會有所不同。

只是下屬與上司的交往畢竟還是有顧忌的，不能喪失自尊像個跟班似的跑在上司後面，大事小事都隨聲附和，連上司不願人知的隱私也去刺探，甚至為表示親近關係還四處張揚。或者不看別人臉色，到別人家裡一坐就是半天，喋喋不休，占用上司已安排好的時間。這些交往的分寸若不掌握好，就不會有真正的交往。

換句話說，拿捏好分寸，適時對旁人付出關心，這就是最好的溝通方式，因為這是以誠相待，與人交心的溝通型式。

06

交心，情感的溝通

感動別人，是帶著誠摯對美好的奉獻；被人感動，是懷著純真對美好的享受。

奉獻愛心，是對人格的昇華；享受愛心，是對靈魂的淨化。

關心他人之所以是良好的溝通，是因為這種方式屬於情感的溝通，而情感的交流比起語言或肢體等表象的形式，是更為直接，更無障礙的表達方式，是更直覺的感受，不需要經由大腦思考，就能夠確實地接受，所以情感溝通有時是化解誤會最有效的方式。

愛是人際溝通的橋梁

美國一位大學教授和他的學生來到黑人貧民窟做調查研究，其中有一個課題是預測該地區兩百五十名黑人孩子將來的前途。學生們認真地做著報告，幾天後，報告的結果出來了，但這份報告令教授憂心忡忡。學生們在報告中預測，這兩百五十名黑人孩子將來無所作為，只能成為社會的負擔。

三十年後，教授去世了，他的一位舊同事從他的檔案中發現了當年那份報告。這位同事在好奇心的驅使下，來到了當年的黑人貧民窟。他看到事實並沒有如報告的結果那麼令人沮喪，相反地，發生的一切讓這位同事佩服得五體投地。原來調查的兩百五十名黑人孩子中，除了十八個人因事離開故土無最新消息外，其餘的兩百三十二人都成就斐然，他們當中有的人成為銀行家，有的人成為大律師，有的人成為企業家，有的人成為了著名影星。

教授的同事逐一採訪了這兩百三十二個人，追問他們何以能成功？這些人說得最多的是：「應該感謝我們的小學老師。」同事費盡周折找到了那位小學老師，此時，她已是白髮蒼蒼的老人，說話不太清楚，可是有一句話同事能聽懂：「I love these children（我愛這些孩子）。」

愛人者，人恆愛之；敬人者，人恆敬之。愛是一種活動的情感，不是靜止的物體。愛是我們生活中一種很特殊的經驗，要想擁有它，最好的辦法是把它施捨給別人。誠如法國哲學家居友所說：「我們每個人都有很多的同情、很多的愛心，比維持我們生存所需要的還多，我們應該把它給予別人，這就是生命開花。」

孔子說：「仁者愛人。」一個人富有寬博的愛心，自然能夠設身處地為別人考慮問題。愛，不僅僅侷限於通常的情愛。寬容大度，給別人多一點同情和理解，也是一種愛。

《聖經》中說：「愛是恆久忍耐，又是恩慈。愛是不嫉妒，愛是不自誇，不張狂，不做害羞的事，不求自己的益處，不輕易發怒，不計算人的惡，不喜歡不義，只喜歡真理。凡事包容，凡事相信，凡事盼望，凡事忍耐，愛是永不止息。」有位基督教徒保羅曾說：「如今常存的有信、有望、有愛。這三樣中，愛是最偉大的。」可見，讓世界充滿愛，無論東西南北，無論是中國孔子的仁愛，還是西方耶穌的愛，都是人類作為群體、發自內心深處的呼喚。

愛從來都是相互的，仁愛之中的仁字，表明愛絕非單一的載體。施愛於對方，愛就成為一種情感力量，推動主體心靈的昇華；而受愛者所領略的，是人世間最純淨無私的心靈奉獻和情緒渲染，在這種情況下，他也會施愛於人的。所以，愛是溝通人際的橋梁，也是和諧人際的仲介。

愛是恆久

我在一本雜誌上讀到了一篇〈愛心可以永恆〉的文章，當我讀完之後，心頭感到沉甸甸的厚重：

有一名礦工進入礦場挖煤礦時，一不小心敲到未爆彈上。未爆彈響了，礦工

零的溝通

當場被炸死。因為礦工是臨時工，所以礦場只發放了一筆撫恤金，從此不再過問礦工妻子和兒子以後的生活。

悲慟欲絕的妻子在喪夫之痛後又面臨來自生活上的壓力，她無一技之長，只好收拾行李準備回到位於閉塞山村的老家去。這時礦工的隊長找到了她，告訴她說礦工們都不愛吃礦場提供的早飯，建議她在礦場附近擺個小攤，賣些早點，一定可以維持生計。礦工妻子想了一想，便點頭答應了。

於是一輛手推車往礦場一擺，餛飩攤就開張了。三十元一碗的餛飩湯熱氣騰騰，開張第一天就來了十二個人。隨著時間的推移，吃餛飩的人越來越多，最多時可達二三十人，而最少時從未少過十二個人，而且風霜雨雪從不間斷。

時間一長，許多礦工的妻子都發現自己的丈夫養成了一個雷打不動的習慣：每天進入礦坑前必須吃上一碗餛飩。妻子們百般猜疑，甚至採用跟蹤、質問等種種方法來探求究竟，結果均一無所獲。有的妻子甚至故意做好早飯給丈夫吃，卻發現丈夫仍然去餛飩攤吃上一碗餛飩。妻子們百思不得其解。直到有一天，隊長挖煤礦時也不幸被未爆彈炸成重傷。在彌留之際，他對妻子說：「我死之後，妳一定要接替我每天去吃一碗餛飩。這是我們隊上十二個兄弟的約定，自己的兄弟死了，他的老婆孩子，我們不幫誰幫。」

從此以後每天的早晨，在眾多吃餛飩的人群中，又多了一位女人的身影。來去匆匆的人流不斷，而時光變幻之間，唯一不變的是不多不少的十二個人。

時光飛逝，當年礦工的兒子已長大成人，而他飽受苦難的母親兩鬢花白，卻依然用真誠的微笑面對著每一個前來吃餛飩的人，那是發自內心的真誠與善良。更重要的是，前來光臨餛飩攤的人，儘管年輕的代替了年老的，女人代替了男人，但從未少過十二個人。穿透十幾年歲月滄桑，依然閃亮的是十二顆金燦燦的愛心。

有一種承諾可以海枯石爛，而用愛塑造的承諾，穿越塵世間最昂貴的時光，十二個共同的祕密其實只有一個祕密：愛心可以永恆。

人活在世界上，最重要的是要有愛人的能力，而不是被愛。我們不懂得愛人，又如何能被人所愛？我們之所以對生命做不到深刻透徹的認識，總認為做人難，

零的溝通

是我們還沒有意識到愛人的快樂，人與人都是以心交心，以心換心的。有一顆愛人的心，自然會被人所愛。

做人有愛心，你就不會眼紅，不會嫉恨別人，不會嫉妒別人，能坦誠地肯定別人的功勞和自己的過失。即使是自己的功績，你也會很謙虛地認為這是屬於大家的，面對應當承擔的責任，你也不會退後，不做縮頭的烏龜。

做人有愛心，你就不會去計較那些功名得失，心裡坦蕩蕩，像一汪碧泉，清澈晶瑩。

做人有愛心，你必定樂觀、豪爽。總是用微笑來驅散生活中的痛苦和眼淚，如果成功路上有一千個理由讓你哭泣，那麼，你會堅信，成功路上更有一千零一個理由讓你微笑。

做人有愛心，你就是幸福的人。在你的周圍，愛的光輝普照。雖然你並不是為企求回報而付出，但你的的確確會得到更多、更濃的愛的回饋。

付出與索取

一個人在選擇人生時，其實也在選擇態度。態度決定一切！誰懂得付出與給予，他的人生結局總不會太壞。

趙秀才與錢商人死後一起來到地獄，閻王看過功德簿後對他們說：「你們兩人前生沒有做什麼壞事，我特准你們來生投胎做人。但現在只有兩種做人的方式讓你們選擇，一種是做付出的人，一種是做索取的人。也就是說，一個人需要過付出、給予的人生，一個人需要過索取、接受的人生。」閻王說完，便讓趙秀才和錢商人慎重考慮後再做選擇。

趙秀才心想，前世我的日子過得並不富裕，有時還填不飽肚子，現在准許可以在來生過著索取接受的生活，也就是吃、穿都是現成的，我只要坐享其成就行了，那樣不是太舒服了嗎？想到這裡，他第一個說道：「我要做索取的人。」

錢商人看到趙秀才選擇了來生要過索取、接受的人生，自己只有付出、給予這條人生之路，沒有別的選擇，他想到自己前生經商賺了一點錢，來生就把它們都施捨出去吧。於是，他心甘情願地選擇去過付出、給予的生活，做一個付出的人。

閻王看他們選擇完了，當下判定兩人來生的命運：「趙秀才甘願過索取、接受的人生，下輩子做乞丐，整天向人索取飯食，接受別人的施捨。錢商人甘願過付出、給予的人生，下輩子做富豪，行善布施，幫助別人。」

付出、給予，這是我們立身成人之本。我們懂得付出，就永遠有可以付出的資本；我們貪圖索取，就永遠有必須索取的企求。付出越多，收穫越大；索取越多，收穫越小。人生就是由這樣一種慣性趨勢操縱著，我們生存在什麼樣的狀態下，這種狀態就會像滾雪球似的，越滾越大。只要我們養成付出、給予的習慣，我們就會擁有越來越多可供付出、給予的資本。

李嘉誠這位「千億富豪」說得最多的一句話就是：「錢來自社會，應該用於社會。」他在取得巨大的物質財富之後，便積極推行有利於國家和人民的慈善事業。為了替他在家鄉的人民做一點事情，李嘉誠在百忙之中，親自在汕頭選擇校址購地建立汕頭大學，他出資數億港元為學校購置最現代化的設備，還物色教授，捐贈大量的電子教學儀器。

子曰：「窮則獨善其身，達則兼善天下。」因為我們的付出和給予，為他人造就了幸福和快樂，而這種幸福和快樂，最終也會降臨到我們自己的身上，這才是一種更高層次的交流。

樂善好施

如果一個人能夠用愛心無償地給予別人服務和幫助，他的生命一定閃爍著光彩，充滿著喜悅和快樂。

從前有個國王，非常寵愛他的兒子。這位年輕的王子，過著飯來張口，茶來伸手的日子，要什麼有什麼。可是，他從來沒有開心地笑過一回，每天都是愁眉緊鎖、鬱鬱寡歡的樣子。

有一天，一位魔法師走進皇宮對國王說，他能讓王子快樂起來。國王興奮地說：「如果你能辦成這件事，宮裡的金銀財寶隨便你拿。」

魔法師帶著王子進入一間密室，他用白色的東西在一張紙上塗了些筆劃，然後交給王子，並囑咐他點亮蠟燭，看紙上會出現什麼。說完，魔法師便離開了。

年輕的王子在燭光的映照下，看見那些白色的字跡化作美麗的綠色，變成這樣幾個字：「每天為別人做一件善事。」王子依此去做，不久之後他果然成為了一位快樂的少年。

零的溝通

人之所以生活得快樂、有意義、有豐足感，是因為他能奉獻，而不是處心積慮地想要占有。而且只要你願意，每個人都能做到「奉獻」這一點。有智慧的人奉獻智慧，沒有智慧的人奉獻體力，沒有體力的人奉獻財物，沒有財物的人奉獻技術，沒有技術的人奉獻言語，沒有言語的人奉獻微笑，沒有微笑的人奉獻祈禱。每個人都能盡一己之力服務人群，不僅利己，並造福社會。

曾獲諾貝爾和平獎，受全世界敬仰的德蘭修女，由於和英國平民王妃黛安娜的死期接近，所以有人將她們兩人相提並論，但她們卻是兩個截然不同的類型。德蘭修女沒有黛妃的風華絕代，她個子瘦小，相貌普通；她有的，是一顆美麗的愛心。

黛妃在衛生、安全的醫院裡和愛滋病人握手，會有記者拍下照片刊登在報章雜誌上，讓人歌頌她的愛心；可德蘭修女卻不知多少次在汙穢、骯髒的街道擁抱那些患皮膚病、傳染病，甚至周身流膿的垂死病人，把他們帶回自己的住處，照顧他們，安葬他們，讓人們享受她無私大愛的奉獻。

許多人一談到德蘭修女，都說她是個偉大的人，和她相比，自己實在太渺小了。可德蘭修女卻說：「我們都不是偉大的人，但我們可以用偉大的愛來做生活中每一件平凡的事。」

德蘭修女不曾像耶穌那樣叫死人復活，讓每一個看到的人都感到驚奇；她不曾用五餅二魚餵飽五千人，令人跟在後頭擁護她；她不曾鬧過令天地變色的社會革命，讓一個國家發生翻天覆地的變化。德蘭修女所做的，是每一個普通人都有能力做到的事：照顧垂死的病人，為他們洗腳、擦身，當他們被別人踐踏如塵的時候，還給他們做人的尊嚴，僅此而已。

或許，我們做人的境界還沒有達到德蘭修女這樣的高度，但是我們如果常存樂善好施、成人之美的好心，這個世界又會減少多少憂傷和怨嘆。

人的氣味：人情味

愛心，在口語中也可以理解為「多點人情味」。

有個朋友想跳槽，希望我能介紹工作給他做。我和他交談時，發現他原來公司的工作還可以，薪水也不低，應該還是有發展的機會，怎麼會想到要跳槽呢？當我把這疑問很坦白地說出來後，年輕人的回答也很乾脆，「因為缺乏人情味。」

做人要有人情味，有人情味的人，能瞭解別人的想法，會設身處地為他人著想，甚至可以犧牲自己的利益。人情味並不需要花費很多的錢，不需要高雅的情調，不需要華麗的包裝，簡簡單單的一個笑容、一句問候、一杯清茶，就足以感動人心，因為那就是關心。

生活中不少人抱著「有事有人，無事無人」的態度，把朋友看成受傷後的拐杖，身體康復後便隨手扔掉。這種人大多數會被別人拋棄，沒有人願意再給他幫忙；他有能力去幫助人時，大概也不會有人願意領情。

我認識一位環保志工，她曾經講過一個小故事：她有一位高中同學，兩人十分要好，考入同一所大學後，同學當上了系學會的幹部。那位同學擔任幹部後，見到她，有時會乾脆裝作沒看見，日子久了，兩人關係也就疏遠了。但那位同學有時也會突然向她尋求幫助，出於朋友一場，她總是盡心盡力地盡其所能，可事後同學又犯了老毛病，令她有種被利用的感覺，卻無奈她總是心太軟，不好公開說「不」。

零的溝通

就這樣，那位同學大事小事都找她，其他朋友都勸她放棄這份友情，認為這種人不值得交往。當她下決心不再理會那位同學的請求時，那位同學傷心地流下眼淚哭道：「我除了妳什麼朋友也沒有了。」

一個沒有人情味的人，是永遠也無法瞭解「幫助」這個看似簡單，實則微妙的舉動，在人情關係術裡的豐富內涵。比如說，給人幫助不能過分挑明，以免傷人自尊；施恩於人不可一次過多，否則會成為對方的負擔，雙方關係難再維持。

真正的成功者，都是最懂得順應人情的人。要善於調整與運用自己的感受去觀察、體貼別人，從而及時修正生活中的種種關係。心直口快未必就是好，心直口快者倘若被人當眾數落一頓，也會尷尬難堪，若是別人數落錯了，更會氣憤難平。那麼他就不該以自己的性格或脾氣為藉口，讓這樣的尷尬頻繁地落到他周圍朋友的頭上。談自己的看法，可以採取不同的方式，並不是不要、不准你談，喜歡做一個透明度高的人，固然是好，不過，能夠讓別人都欣賞你，不是更好？

要讓人覺得有人情味，不要有「只交往一次」的心態和行為。在某些凡事講求實際、實用、實效的人物眼中，所謂的人情，就是你送我一包菸，我給你幾十塊錢的等價交換，更像殺人償命，欠債還錢，概不賒欠的原則。但是這種只有一次的交往，外表看來灑脫、不拖泥帶水，裡面實則包含了太多的困惑，因為人情不是算計。

當人家確實有困難而無能為力的時候，儘管你已經幫助過他，儘管他深知欠你人情而不好意思向你開口，但作為知情者，你不應無動於衷，不妨再次主動伸出援助之手。事實上，這種行為最容易贏得人情效應，即使對方一時無力給你回報，但你的人品，已被更多的人所知曉。

要讓人覺得有人情味，與別人在一起時，要同舟共濟，同心協力。人們在一起共事，共同的命運把大家連在一起，只要採取合作態度，互相支持、幫助、關照，是容易產生感情認同的。尤其在困難時期，彼此相依為命，共渡難關，不問時間長短，可能一輩子都會刻骨銘心地記著。

幫忙也要幫對忙

我們在社會上做人，都需要好的人際關係，都希望跟別人相處融洽，建立好的友誼，溝通意見，互信互助。人際關係處理得順手的人，我們稱他的人緣好。人緣好是社會生活的基礎，是事業成功的要件，是創造輝煌的平台。

擁有好人緣的人，一定會是一個有愛心的人，好人緣的基本特點是當別人遇到困難，需要你幫一把時，你會毫不猶豫地伸出手，不圖回報。

不過幫助別人也離不開技巧，例如，一位身障人士坐在輪椅上正要上坡，但因坡度較大，他費了很大的勁也沒上去。好心的你走上前想幫助他，告訴他該怎樣用力。可是他此時最需要的，是你從後面推他一把，讓他順利通過這段道路。

所以當你想幫助某個人時，你要注意具體方法，如何幫助他，才能使他真正得到你的幫助。

幫助別人，要堅持不懈

不能一時風，一時雨，憑自己的興致來做。也不要這也幫那也幫，不高興的時候就誰都不幫。做一件好事並不難，難的是一輩子做好事，不做壞事，這種境界是很難達到的。現代社會，在金錢的誘惑衝擊之下，很多人的一舉一動都只有考慮著自己的利益，不願幫助別人，若要堅持不懈地幫助別人更是空談。

幫助別人，不要居功自傲

提供幫助時應注意，不要使對方覺得接受你的幫助是一種負擔；幫助別人要做得自然得體，也就是說在當時對方或許無法強烈的感受到，但是時日越久越能體會到你對他的關心，能夠做到這一點是最理想的。幫助他人時要高高興興，不可以有心不甘情不願的心情，如果你在幫忙的時候覺得很勉強，潛意識裡存在著「這是為對方而做」的觀念，假如對方對你的幫助毫無反應，你一定大為生氣，認為「我這樣辛苦地幫你，你還不知感激，太不識好歹、太不會做人了！」如此態度甚至想法，請千萬不要表現出來。如果對方也是一個能為別人考慮著想的人，你為他幫忙的各種好處，絕不會像潑出去的水一樣難以回收，他一定會用別的方式來回報你。

人不是刺蝟，難以合群；人是情感動物，需要彼此的互愛互助，若一口一個「有事嗎？」「你幫了我的忙，下次我一定幫你。」忽視了感情的交流，會讓人興味索然，彼此的交情也維持不了多長的時間。

莫以善小而不為

向善之心，人皆有之。人能向善，才能使自己趨於美好；人能為善，人的世界才能趨於美好。

曾經有一位西藏高僧，他每天打坐的時候，都要在面前放下一黑一白兩堆小石子。用大師的話說，黑白石子代表自己的善惡兩念。善念萌生時，他會拿一顆白石子放在一邊；惡念萌生時，他會拿一顆黑石子放在另一邊。最初，大師檢點時發現，黑石子多，白石子少。每當這時，大師會打自己耳光，痛哭自責說：「你在苦海裡輪迴，難道還不知應該要悔過嗎？」四十多年過去了，大師手下全部變成白石子了。最終，大師修成了菩提道。

一個人要做好人很難，要做壞人極易。劉備曾教導他的兒子劉禪說：「莫以善小而不為，莫以惡小而為之。」善良是一種巨大的力量，任何力量都不如善良的力量大。善良並非體現在你送給他人的禮物上，而是出自於你誠摯的心。有的人能從錢包裡掏錢出來送給別人，但他的心卻是冰冷漠然。用錢財表現出來的好心不僅不可靠，而且往往會帶來負面影響。

海倫・凱勒一生下來便是聾啞盲人，世上所有的不幸全都降臨在她身上，她

零的溝通

失去了和周圍的人進行正常溝通的能力，只有當她的觸覺幫助她把手伸向別人時，她才會體驗到愛人與被愛的幸福。最後，一位虔誠而偉大的教師安妮．蘇利文向海倫伸出了友愛之手，使這位不幸的女孩也成了一位快樂、幸福及成就卓越之人，並且令許多正常之人也無法企及。

海倫．凱勒曾經這麼寫道：「任何人出於他善良的心，說一句有益的話，發出一次愉快的笑，或者為別人鏟平不平的道路；這樣的人就會感到他的歡欣是他自身極其親密的一部分，以致使他終生追求這種歡欣。」

在猶太人中流傳著這樣一則故事：

一名中年婦女中午在家門口碰到三位老人。她上前對老人們說：「你們一定餓了，請進屋裡吃點東西吧！」

「我們不能一起進屋。」老人們說。

「為什麼？」中年婦女不解。

一位老人指著同伴說：「他叫成功，他叫財富，我叫善良。妳現在進屋和家人商量一下，看看需要我們當中哪一位？」中年婦女進屋和家人商量後，決定把善良請進屋。她出來對老人們說：「善良老人，請到我家來做客吧。」善良老人起身向屋子走去，另兩位叫成功和財富的老人也跟進來了。

中年婦女感到奇怪，問成功和財富，「你們怎麼也進來了？」

老人們異口同聲地回答，「哪裡有善良，哪裡就有成功和財富。」

零的溝通

PART 4

職場：人際關係的縮影

07

當我們「同」在一起

同事之間長期相處，有時比和家人在一起的時間還長，所以該怎麼相處，是每個踏入社會的人，都會遇到的問題，其中人際溝通便是不可不修的學分。

語言是溝通思想和情感的重要橋梁，同事之間在日常交往中，如果語言運用得恰當、適宜，可以避免誤會發生，使人際關係更為融洽，反之，人心難測，工作之路要多崎嶇就有多崎嶇，只能以「慘」字形容。

同事之間的語言藝術

朋友之間說錯話，或許沒有那麼嚴重，因為彼此有交情作為基礎，可能道個歉，誠心說聲「對不起」，當下就能和好如初。不過，同事之間可能就沒有這麼單純，因此在職場上不得不多加注意，好好掌握以下三點。

寬容大度

由於工作和生活中來往密切，同事間語言交談的頻率很高，難免出現話語不周、言詞失當的現象。這時你需要胸懷寬廣，分寸得當，適可而止，不過分計較和追究非原則性瑣事。

在任何團體中，都有可能碰到犯錯之人，特別是反對過自己的人，和這種人相處，如果心胸狹隘、小肚雞腸，總是對人冷嘲熱諷、言語尖酸刻薄，是很難處理好同事關係的，因此在語言上要公正地對待他們，不計前嫌，寬容大度，才能展現寬廣胸懷。

正所謂人外有人，天外有天，團體中飽學之士大有人在，水準高、能力強的人可能就在你身邊，對於能力比自己強的人，不僅言語要謙和，還要尊重這些才學確實比自己強的同事，心悅誠服地向他們學習，並如實地向上司反映和推薦。絕不能因為妒火中燒而進行毀謗和排斥。

相反地，職場上也一定會有能力差、資歷淺的同事，對於這些同事都不應歧視、嘲笑，更不應在人前背後品頭論足，而應採取適當的方法善意說明、暗示或轉告等，幫助他們改進。

尊重信任

同事之間要學會運用語言藝術來促進彼此的尊重和信任。首先是尊重對方的人格，不可以自視清高，自恃資深，出言不遜，蔑視他人。切忌用語言侮辱對方人格，或在他人面前詆毀同事。

其次是每人都有可取之處，誰都希望別人對自己的能力予以重視和肯定。因此，對於他人分擔的工作，應表示出信任的態度。即使提出希望和建議，也要用適宜的語言方式表達出來，不要在口氣、表情、手勢等方面，流露出瞧不起對方、不信任對方能力的跡象。

對於由於某些原因而在工作中觸礁，遇上困難或挫折的同事，作為同事不該在傷口上撒鹽，冷嘲熱諷或幸災樂禍，應給予同情和關懷，幫助他度過難關，重新再來，這樣才能解決問題，同時協調同事間的關係。

學會拒絕

每個人可能都有這樣的感受，當自己對他人的意見和看法表示出不贊成的態度時，就會有矛盾和摩擦產生。而事實上，任何人又不可能對所有人的意見和看法表示贊同，因為這是一種不負責任的表現，也是一種失職的行為，要解決這個問題，就要先學會「拒絕」的藝術。

拒絕首先要「因人而異」，考慮被拒絕對象的性格、心胸度量、工作作風等因素，根據其心理承受能力，決定「拒絕」的方法和程度。

然後「因地而異」，考量場合不同，區別「拒絕」的方式。一般而言，在人數少的情況下交談可以隨意些，但在人多嚴肅的場合，「拒絕」他人就要十分慎重。

最後要「因時而異」，當拒絕他人初次提出的意見時要慎重，對於他人在遭到「拒絕」之後又多次提出的意見和看法更要謹慎，應仔細考慮對方的觀點和看法是否正確，以及自己的「拒絕」是否有道理和說服力。

此外，在拒絕對方時，最好用商討的方式，使其重新考慮自己的意見，或者不要急於明確表態，讓對方察覺你對此事有保留看法。或者暫時擱置「冷處理」，經過一段時間思考後再議。總之，在「拒絕」別人時不要從自己的好惡出發，語言要平和婉轉，態度要謙遜，讓人易於接受，這樣才能創造良好的人際氛圍。

讓爭執轉為溝通

工作時同事間難免會有爭執、摩擦，若處理不當，可能會擴大事端，引發更多的誤會；若處理得當，便能化火爆的爭執為冷靜的溝通，有助於誤會的解決。當然，這需要較高的智慧，聰明的你一定不喜歡衝突與爭執，那麼不妨由你來緩解僵持的局面。下面介紹四種狀況的處理方法。

當同事哭泣時

你可以表示你的關切與協助的意願，但不要阻止他哭泣，因為哭泣可能是紓解情緒的好方法。給他一些時間來恢復平靜，不要急著化解或施予壓力。最後再

零的溝通

問他哭泣的原因，如果他拒絕回答，也不必強求；若他說出不滿或委屈，只要傾聽、表示同情即可，千萬不要貿然下斷語或憑自己好惡提供解決的方法。

當同事憤怒時

切記不要以憤怒回報，但也不用妥協。對你自己的意見要堅持，並表明你希望先冷靜下來，再討論問題所在，之後再詢問他生氣的原因。如果他後悔自己一時失態，請立即表示你毫不介意。

當同事冷漠時

不要有任何臆測，你可以不經意地問他「怎麼了？」如果他不理會，不妨以友善的態度表示你想協助他。如果他因感情或疾病等私人問題影響到工作情緒時，建議他找人談談或休假。

當同事不合作時

切勿一味地指責對方或表示不滿，最好找個時間兩人好好談談。若對方因工作繁多、無法配合，則可另外安排時間或找他人幫忙；但若是純粹的不合作，則更需多花時間溝通，尋求問題的癥結及解決辦法。要記得，退一步海闊天空，說不定還能因充分溝通而化敵為友呢！

十大說話禁忌

不經意的疏忽或不恰當的表現，常會讓同事間產生誤會，也會讓辦公室內的氣氛變得緊張、不自在，間接影響到工作效率。與其事後想辦法補救，不如事前

零的溝通

隨時提醒自己留意辦公室的說話禁忌，以下列出辦公室內十大說話禁忌。

1 切忌面無表情

面無表情表示你漠不關心或毫無思考能力，這樣不但降低了說話者的興致，你還可能因此減少了參與活動的機會。

2 切忌坐立不安

坐立不安表示不耐煩、對說話者漠不關心。

3 切忌把玩東西

如此會讓人以為你不安或不耐煩。

4 切忌打哈欠

打哈欠是精神不振、做事不認真或不耐煩的表現。

5 切忌眼神閃爍

眼神恍惚、閃爍不定表示心神不寧、心胸狹窄，難免會讓人無法信任或賦予重任。

6 切忌直呼他人姓名

不論與上司或同事的交情如何，在辦公室內仍要保持公司禮儀。雖然也有情況特殊的時候，但仍要視公司內的氣氛或習慣而定。

7 切忌不理不睬

相互不理睬表示完全的封閉，很容易拉開與同事間的距離或對立，對工作有負面影響。

8 切忌常說對不起

每有疏忽就只會說對不起，會讓上司以為你不負責任，沒有盡心盡力，所以在道歉之外更應積極地提出改進、補救的方法。

9 切忌找藉口搪塞

一碰到困難或麻煩的事就推三阻四、藉口多多，會給人害怕負責、無能的印象。尤其出了錯便找藉口搪塞，更會給人成不了大器的感覺。

10 切忌當眾發作

不管是受了何種委屈或挫折，當著眾人的面發脾氣或者哭泣，都會讓人覺得你沒有擔當重任的能力。

避免引起同事誤會的要點

同事當中，由於語言表達的不同，或未能全面瞭解對方的意願，或動機與效果發生衝突，雙方就會產生誤解。若不及時根除誤解，就會破壞正常的人際關係。

同事之間為了避免產生誤解，在語言交談中，應注意以下幾點。

講話要慎重

同事間言語表達要周密，不能出現漏洞，尤其是嚴肅的事情，或是在鄭重的場合。有些人會在不該開玩笑的場合說笑，因而觸犯他人禁忌，最後鬧翻，或是在談正經事時表現得太過不在乎，讓人覺得沒有把心思放在這件事情上，諸如這類情況，都是對事情與場合的誤判，才會造成同事間的誤解，所以講話不要不經思考，等話脫口而出才後悔。

說話要全面

對同事講話要講求客觀理解，不能抓住枝微末節不放，而無限上綱地曲解人意。換句話說，講話時要盡量面面俱到，不要因為某些詞句而過度解釋，緊追不捨，讓原本沒有的意思，變得好像煞有介事，這樣不僅自己誤會同事，同事也會對你感到不諒解。

有話要明講

不該在同事背後議論，因為背後的言論往往就是流言的源頭，容易引起誤會。我們知道，辦公室裡只要有人缺席，那人很容易就會成為話題，在這種時刻，你如果和同事閒聊談到這位同事的一些缺點時，對方雖然沒有反駁你，但實際上在他心裡可能會另有看法。首先他會想：「你為什麼老喜歡自以為了不起？總是說別人壞話來提高自己的形象？」其次，他會覺得你缺乏包容他人的心胸。每個人都有優、缺點，與其揭人之短，為什麼不提出對方的優點，給予適當的肯定呢？再次，他會對你不信任，因為誰知道自己在什麼時候也被你在背後說壞話呢？

因果要區分

不能因結果不盡如人意，就把動機和結果統一起來，懷疑別人居心不良，而耿耿於懷。一件工作的成果不盡理想，或許整個團隊都不會感到開心，這時如果果斷地把結果歸咎於某個同事，就會有推卸責任的觀感，而且一件事的成敗，往往也不是一個人的責任，所以無端將責任歸咎給他人，咬定是某人蓄意破壞，那麼對自己或團隊，甚至整個公司，都不會有任何好處。

包容不同意見

在和同事交往當中，你常會發現別人對某種問題有不同的看法。社會上的人是無法以唯一的尺度去看待的，所以我們要用寬容的態度與人交往。一件事的達成方法可能有很多，不一定誰提出的方式就是絕對，所以尊重別人的意見，才能有反思自己的機會，獲得學習成長的空間。

態度溫和有禮

有良好人際關係的人，表情自在，臉上總帶著微笑。他不說話也像是在告訴你：「我正在聽，請你繼續說。」他不會讓別人看到自己自傲自大，而是常以和藹的面貌與人交往，所以讓人覺得他值得信賴而與之交往。例如你剛因工作上的一些事情被上司批評，心中感到委屈。這時如果有位同事能靜心傾聽你的敘述，並心平氣和地分析你所犯的錯誤，予以安慰，那麼你就很容易打開你的心扉，坦誠地與他交往。

與性情急躁者相處的三個原則

性情急躁者，最大的特點是容易興奮、容易發火。自我控制力差，動不動就動怒，甚至不惜與人爭鬥，和這種人發生誤會是很常見的事情。

獲得諾貝爾化學獎的范特霍夫（Jacobus Henricus van 't Hoff），提出碳原子新理論之後，遭到德國有機化學家赫爾曼．柯比（Hermann Kolbe）的強烈反對。

范特霍夫當眾表示，「柯比先生的宏論，從頭到尾都沒有推翻我研究出來如鐵一般的事實。」柯比是位典型的性情急躁者，他聽到此話後，怒氣衝天，不惜千里跋涉趕到荷蘭，找范特霍夫辯論。

當柯比怒氣沖沖地踏進范特霍夫的辦公室時，范特霍夫熱情相迎接待，等柯爾比發完火，再冷靜而謙遜地闡述自己的觀點，使柯比很快地消除了誤解。兩位科學家從此「化敵為友」，欣然攜手合作，彼此截長補短，共同在化學領域貢獻聰明才智。

這則故事給我們的啟示就是，對待性情急躁者對你的誤會，最為明智的方式就是遵循下述三個原則。

冷靜

當性情急躁者對你產生誤會時，不管他如何生氣，你都要保持冷靜，始終報以泰然處之的微笑。這種微笑，對自己而言可以擺脫尷尬局面；對對方無疑是澆上一盆冷水。一方面可以使對方欲進不能，避免事態惡化；另一方面，可以使對方恢復理智，平息怒氣。

謙遜

當性情急躁者誤會你時，不管他的語言有多刻薄，語氣有多生硬，都應心平氣和地傾聽，邊聽邊分析概括其意圖。如果是自己有些不周到的地方，應坦然承認，並致以謝意；如果是對方錯了，也應從中找出其所以導致錯誤結論的原因，然後採用「你說的不無道理，但是……。」的婉轉說法來回應，既保全對方自尊，又可澄清事實。

零的溝通

包容

「宰相肚裡能撐船。」對待性情急躁者的誤會，要顯示出自己的「器量」，以柔克剛。他吵，你不吵；他凶，你不凶；他罵，你不罵，一個巴掌打不響，干戈就動不起來。在你的包容之下，對方遲早會自感沒趣，進而收斂自己。如果對方動火，你也跟著動火，針尖對麥芒，最後你自己亦將陷進無法收拾的困境。

心理學家認為，性情急躁者往往精力充沛，熱情、直率，其情緒來得快去得快，來得猛烈，去得也乾淨，頗似六月天的雷陣雨。等雷聲過，雨點停，呈現的天空將格外蔚藍。

事實說明，性情急躁的人大多言必行，行必果，敢作敢為。同這種人交往，只要避過一時鋒芒，待其情緒平定後，再論是非比一般人容易得多，在真理和事實面前低頭也比一般人來得容易，來得澈底。在現實生活中，許多肝膽相照的刎頸之交，往往就是這樣「不打不相識」的結晶，范特霍夫與柯比的情誼不就是這樣結成的嗎？

與同事互動的注意要點

要想得到同事的信賴和好感，僅僅依賴向同事投以友善和熱情是不夠的，還要自我表述、自我展示、自我發揮才行。那麼，在與同事交往中，應該注意什麼問題呢？

同事間要多些信任

雖然相信別人有一定的風險，但不妨抱著這樣的態度：如對方想騙我，那讓他騙一次吧！第二次注意點就行了。而且那也是自己看人的眼光不準確，當作是學習的代價吧。有了這種觀念，與人交往時就不會再有勉強的態度，哪怕是第一次見面的人，也能很好地進行交談，建立良好社交關係。如果只是封閉自己，結果雖能與有害的人隔離，卻也會失去知己。還是讓我們放開心胸，廣交良友吧！

同事間應該多些真誠

與同事相處應該真誠，當他工作上有困難時，你應該盡心盡力給予幫助，而不是落井下石；當他徵求你的意見時，你不要給他發出毫無意義的稱讚；當他在無意中冒犯了你，又沒有跟你說聲對不起時，你要以無所謂的心情，真心真意的原諒他，如果今後他還有求於你時，你依然要毫不猶豫地幫助他。

有人會問：「為什麼我要待他這麼好？」答案是，因為你是他的同事，你每天白天一大半的時間都是跟他們在一起，你能否從工作中獲得快樂與滿足，與你朝朝暮暮相處的同事有很大的關係。當你在辦公室裡，沒有人理你，沒有人願意主動跟你講話，也沒有人向你傾吐談心時，你還會覺得你的工作有意思嗎？

同事間要保持適當距離

在任何時候只有和同事保持合適距離，才會成為一個真正受歡迎的人。你應當學會體諒別人，不論職位高低，每個人都有自己的工作範圍和責任，所以在權力上，千萬不要喧賓奪主。但也不能說「這不是我的事」這類的話，過於涇渭分明，只會破壞同事間的關係。

公私分明也是很重要的一點。同事眾多，總有一兩個跟你特別投機，可能私底下成了好朋友。但不管你職位比他高或低，都不能因為關係好而進行偏袒縱容。一個公私不分的人，是成不了大事的，更何況上級最討厭這類人，認為這是不能信賴的人。所以你應該有所取捨。

與同事相處，太遠了顯然不好，人家會誤認為你不合群、孤僻、性格高傲；太近了也不好，因為這樣容易讓別人說閒話，而且也容易使上司誤解，認定你是在搞小團體。所以不即不離、不遠不近的同事關係，才是最合適和最理想的。

有理不在大聲

和難相處的人在一起工作少不了會產生誤會，有時甚至免不了發生一些分歧、爭執，嚴重時還會鬧得面紅耳赤、不歡而散，雙方還可能因此結下仇怨，而產生這種誤會的主要原因不外乎以下幾點：

①雙方沒將問題闡述清楚，有些含糊、不坦白。

②雙方談話激烈，互不相讓，過分強調自己的見解和理由，未能靜下心來，弄明白對方的真正意圖。

③雙方可能都很有個性又難以克制，時常為了一點小事暴跳如雷。

由於以上導致分歧的因素的存在，你和難相處的人之間就可能發生誤會，甚至發展到爭吵的地步，這些都會給雙方在心理和感情上蒙上一層陰影，為今後的相處帶來障礙。

如果在工作中，你能以商量的口氣、和藹的語言，真誠地說明自己的意見、看法，則往往能消除彼此之間的誤會，建立良好的同事關係。

一般而言，和難相處的同事共事要一心從工作出發，切不可隨意傷害他們的自尊心。無論是因公還是因私，都最忌諱扯著嗓子，怒氣沖沖地大聲爭吵。

俗話說：「不是講話大聲就有理。」與他人意見有分歧，可以透過討論和協商來解決。只要出於善意，討論也同樣會令雙方像促膝談心一樣愉快。相反地，那種毫無分寸和理智的對抗，一面激烈地攻擊對方，一面拚命地維護自己，是有良好教養的人所不為，也不該為的事。

當然，不能籠統地說凡是發怒的人，看法都是錯誤的，而是說你沒有以一種好的方法表述自己的見解。討論的原則是：要用無可辯駁的事實及從容鎮定的聲音，保持冷靜、理智和幽默感，讓雙方都能專注於問題本身而不是感情用事或固執己見，那麼，討論就不至於演變為誤會和爭執，分歧也就很容易消除。

零的溝通

如果你的聲量漸漸提高，說出「我認為這種想法愚蠢透頂！」那就是一種傷害對方的反駁了，為了贏得一場分歧而和同事水火不容，是一件得不償失的事情。與他人相處應盡量消除分歧、避免誤會，加強相互之間的感情交流與業務合作。

當然，在與難相處的人交往時，也不能對一些原則性的分歧一概迴避，必要的批評是不能缺少的，但一定要盡量避免誤會。在意見相左的情況下，應該誠懇而虛心地聽取意見；在對方意見不正確還要強詞奪理時，應該勇於辯護，並且要作積極的辯護。不要怕被認為是頂撞，不辯解只會使他們對你的印象更加惡化，絲毫不會考慮到自己也有責任，而沉默不語的回應方式，只會使問題更加複雜、難以化解。

辯解的困難之處在於雙方都意氣用事，頭腦失去了冷靜，關係越辯越僵。但越是遇到這類棘手的問題，就越應該積極辯明以避免誤會。其要點主要是不要畏懼，不必害怕難相處同事的聲色俱厲，越是嚷得凶其觀點越是經不住考驗的。那麼，我們該如何辯解呢？

①把握時機，尋找一個恰當的機會進行辯解。

②自我反省的事項要越簡單明瞭越好，適當地點一下就行，但要點到本質上，說明對自己的觀點有足夠的認識。

③辯解應該越早越好，因為辯解越早，分歧消除得就越快；遲遲不說明，越拖越誤事，雙方會一直相持不下，誤會將很難避免。也許，你會感到困惑，覺得與難相處的同事發生衝突是不應該的。其實，只要在處理這等事時有原則和保持冷靜，一樣是可以應付得瀟灑俐落，又不至於產生壞影響。

④切莫把私人恩怨算在公事的帳上，這只會徒增絆腳石。試想，若對方因仇視你而處處敵對，事情只會越弄越僵，所以切記對事不對人。

⑤應著眼於雙方利益和價值觀，而非只著眼於自己一方，因為如果萬事只有利於己方，對方當然寸步不讓，所以利己利人最有效。

⑥弄清自己和對方辯解的目的，以冷靜、堅定和變通的態度去與對方商議並

適當地忍讓，這往往是達到目的的最佳手段。要根據客觀的標準去解釋，凡事容忍卻不失自己的原則和立場才不會招致損失。

人能成全他人，也能毀棄他人；互相幫助能使人奮發向上；互相抱怨會使人畏縮不前。只要你能理智地消除與同事之間存在的分歧，最大限度地避免誤會，就能達到團結同事的目的。

提出建議的要點

建議與抱怨不同，要清楚地舉出具體的問題，針對問題提出解決的方法。「你如果這麼做，這件事就會變成那樣，所以這樣做比較好。」如此分析道理，自然能讓對方接受。「為什麼做不到？」「你不想做嗎？」「看事不要太天真了！」像這些抽象的、感情用事的說法只會激起對方的反感，不適合在建議時使用。

因此，如果要在工作上有效地提出建議，避免被別人誤解，請注意以下三點：

①當場直接說明。

②舉出具體的問題、重點，給予指示。

③不要感情用事。

以上三點要視情況不同而加以改變，適時應用，才能點燃辦公室活力的火苗！

當然，建議的時機與場所也很重要，特地把對方約到公司外面的咖啡廳，提出「從半年前我就開始注意……。」這種話只會讓對方覺得你很陰險。最好還是在當場即時地、率直地說出來，才是聰明的做法。

08 當你身為部屬

與上司交流時的反應

許多職員和上司交談時，往往只是緊張地關注著上司對自己的態度好壞，構想自己應做出的反應，而沒有認真聽清楚上司說些什麼問題。其實，好的職員不僅能理解上司所談的問題，還能夠理解他話裡蘊含的暗示。這樣，才能真正理解上司的意圖，明智地作出反應。

而要如何做到這一點呢？首先，當上司講話的時候，你要設法排除一切使你緊張的念頭，專心聆聽上司講話的內容；眼睛要一直注視著上司，給他一種你在聽的感覺，必要時還要做一點紀錄。在上司講完之後，你可以稍思片刻，也可以問一兩個問題，真正弄懂他在說什麼、要說什麼，然後簡要地概括一下上司的談話內容，表示你已明白了上司的意思。切記，上司不喜歡那種思維遲緩、交代事情需要一再重複的人。

要想在事業上攀上高峰，發展自我，首先必須對自己正在進行的工作一清二楚，放棄只求盡快完成手邊工作的盲目念頭，設法瞭解手邊工作的意義是什麼，目的何在，掌握通盤的整體狀況後，才能進一步精益求精，成為這一行裡的佼佼者。

你是不是常常向上司詢問有關工作上的事，或者是自身的問題？有沒有跟他一起商量過？如果沒有，從今天起，你就應該要改變，盡量地發問。一個未成熟的下屬，向成熟的上司請教，這並不可恥，而且理所當然。千萬不要想：「我這樣問，對方會不會笑我？我是不是很丟臉？」如果你這樣想，那就太多慮了。

零的溝通

若有任何疑惑之處，應開門見山地向上司或前輩請教。在上司看來，這麼一位肯學的職員比那些不懂裝懂、事後卻惹出一堆紕漏的人，更能減輕他的負擔。

有心的上司，都很希望他的下屬來詢問。下屬會來詢問，就表示他在工作上有不明白之處，而上司能夠解答，才能減少錯誤，上司才能放心。如果你假裝什麼都懂，一切事都不想問，上司會擔心：「奇怪，這個人對工作是不是真正瞭解了呢？」

當上司尚未叫你前，你應先主動地去問：「關於這件事，這個地方我不太瞭解。」或者「關於這一點是不是可以這樣解釋，不知經理的意見如何？」上司一定會很高興地說：「嗯，就照這樣做。」或者「大致上就這樣好了。」並將你設想不到的地方加以補充，將不對的地方加以糾正。

說到商量，很多人就會聯想到自身的事情。假如你有感到迷惑不解和苦惱的事，就應該盡量向上司提出，彼此商量。如果你跟他商量時，會麻煩對方，你最好說一聲：「對不起！」而後退出。

「問」和「商量」，都不必感到不好意思，如果你提出問題，或有事跟上司商量，相信任何一名上司都會接受。不過，有關金錢的事最好不要提出，除了金錢以外，任何事都可以提出，諸如工作上的難題、家中的困擾、男女感情的苦惱等。

要使上司器重自己，應盡量接近上司，營造彼此能毫無隔閡地溝通的關係。只有如此，你才能真正取得上司的信賴。

準確把握上司的想法

正確領會和實現上司的想法，這是好下屬的重要標誌。如果說話辦事造成誤會，違背上司的意圖，那就可能「吃力不討好」，把事情弄糟。上司的意圖蘊含在檔案、批示或口頭指示之中，要靠下屬去理解、體會，有時還要向上司當面詢問、請教。

要準確理解和把握上司意圖，特別是出色地完成上司個人交辦的事項，協調好與上司的關係，以下三點不可忽視。

積極為上司獻計獻策

上司的想法形成以後，作為下屬必須堅決貫徹，全力以赴地去實現上司意圖。但是在上司的想法形成以前，下屬也應該積極地為上司瞭解情況、提供資訊和參考意見。這時，下屬應敢於對上司直言建議，據理力爭，補充、修正，甚至推翻上司的意見。這絲毫不是對上司的不尊重，而是對事業、對上司負責的表現。事實證明，這種「參與」越深入，下屬就能越準確地領會和把握上司意圖，執行起來也就越是能夠得心應手。

不要自作聰明

由於上司與下屬的年齡、經歷、所處的地位和所負的責任等情況不同，所以在一般情況下，下屬對上司意圖的認識和掌握存有一定的差距，因此在要求下屬實現上司想法的過程中，既要忠實地按照上司的意圖辦事，又要創造性地開展工作；既要按照上司的意圖正確「發揮」，又不要自作聰明、越俎代庖。

有把握的，不必事事向上司報告；把握不大的，千萬不要合理想像，還是要及時向上司請示，求得明確的答覆。這樣，一是便於上司掌握情況，二是便於上司及時發現問題和糾正偏差。事事處處「不謀而合」，才是最好的結果。

加強自身學習和修養

作為下屬，要成為貫徹上司想法的得力助手，就必須刻苦學習與本職工作有關的專業知識，不斷提高觀察、分析和解決問題的能力和水準。要善於與各方面的人交朋友，「眼觀六路，耳聽八方」，深入實際調查研究，善於集中各方面的意見，並把這些意見轉化為自己改進工作的措施。只有自身的能力、水準提高了，才能善於領會、正確貫徹上司的意圖。

和上司交流的三大原則

在職場上，上司常常會就有關工作、生活問題與下屬談話交流，可有不少年輕一點的下屬遇到上司的主動詢問時，往往手足無措，或語無倫次，或詞不達意，以至於讓上司對自己產生誤解，留下不良印象。

因此面對上司時要掌握以下的技巧。

有問必答的技巧

上司問什麼，就答什麼，不要多說題外話，僅答其所問，絕不隨意發揮。在回答問題時，先說什麼和後說什麼，應冷靜思考，回答有序，迅速做出反應。在回答問題時，無論當時你是站著或坐著，都應表現出該有的禮貌，雙眼注視對方，恭敬回答。假如遇到難以回答的問題，不可躲避，因為這樣會很失禮，應該大方地說自己不懂，或謙虛地向上司請教。掌握這四點技巧，可以避免誤會，建立融洽的人際關係。

善於鋒芒畢露

下屬在上司面前，不可以總是唯唯諾諾，不敢有所發揮。有時候，在特定場合展露鋒芒往往可以出奇制勝。像是在上司舉辦的演講或技能評測等場合，下屬必須盡量將自己的本領展現出來。在這種類似的場合，任何謙讓都是愚蠢和錯誤的，這裡說的「鋒芒畢露」與驕傲自滿、愛出風頭無關。它是一種擁有豐厚實力的展現，但「鋒芒畢露」的「鋒芒」必須是合乎公司或部門利益的，而「畢露」不一定是「先露」，有時你可讓人一步，讓競爭對手先「亮相」，然後再分析、判斷對方的長處和不足，藉此校正自己的實施計畫，漂亮地「露一手」。

訥於言和敏於行

所謂的「訥於言和敏於行」，是古代教育家孔子的忠告，說白了就是少說多做，而且做得要好，也就是無論你的上司是否在場，都應堅持少說多做的原則。

「訥於言」，要做到「三不」，一是不要隨便向上司提什麼工作「建議」。曾有個愛虛榮的下屬，剛接觸一個部門的工作，業務知識還很生疏，但為了討好上司，往往一知半解地給上司提工作建議，以為這是積極的表現，可結果總是恰恰相反。二是不在各種場合隨便議論、評價上司，以免造成與上司關係的不和諧。三是不要隨便到上司那裡，對同事蜚短流長。很多人不明白這個道理，以為向上司打小報告就能獲得信任。但就多數情況來看，結果正好相反，上司會連你也懷疑，因為，誰都不會對一個「告密者」感到放心。

「敏於行」是建議人們在工作中要做到「一前一後」和「三點」。「一前一後」是指「吃苦在前，享受在後」。「三點」是指「上班時早一點到」，目的在於養成事先做好各種準備的好習慣；「工作中多學著點」，要求人們無論從事什麼工作都要虛心學習，掌握要領；「下班後晚走一點」，要求人們在下班之後，認真仔細地總結一下，整理好自己的工作環境，養成善始善終的好習慣。總體來說，「訥於言，敏於行」不僅是一種良好的修養，也是與上司建立和諧關係的重要條件。

讓上司聽明白你的話

把話講得清楚，是讓別人不產生誤會的基礎，當你打開收音機，聽到干擾的聲音，會有一種無法忍受的厭煩。相反，如果播音員聲音清晰、談吐有序、音色悅耳，那麼你不僅愛聽播音內容，也會喜歡上這個播音員。之所以強調這一點，是因為如何讓上司聽清楚你講的話非常重要，須掌握以下幾點。

語調清晰

在交往中，我們常常可以遇到有些人講話語音含糊不清，讓別人聽得很費力。假如一個去參加面試的人，出現這種現象，對自己所產生的不良影響是不言可喻的。所以在與上司相處時，必須注意訓練自己「咬文嚼字」的能力，養成良好的習慣。

如果你有語言含糊不清的毛病，可以試著讓自己嘴裡的發音比自己的思維慢一拍，也就是在進行語言表述的時候，先想好了再說，或一邊想一邊說。只要仔細觀察一下，就會發現多數發音含糊不清的人，都是因為「心嘴同步」，或是思路尚未釐清，就已經把話說了出來。

另外，為了達到咬字清晰的目的，每天抽半個小時的時間朗讀一段文字，同時注意同音字和諧音字的區別，掌握吐字的速度，不宜太快，然後把話一字一句說準確，持續一段時間後，就會有所成效。

音量適中

為了讓上司聽清楚，須學會音量適中。如果嗓門過大，會使人覺得你很粗俗；如音量過低、過小，則會給人膽小、怕事、沒有朝氣的感覺。

談吐有序

與上司談話時，速度不要太快，要有條理。分清楚首先要說什麼，其次再講什麼，讓上司理解你要表達的意思，同時，還要注意語言的抑揚頓挫，使其悅耳動聽。

在讓上司聽清楚你講的話之後，還必須讓上司明白你說的是什麼，這需要掌握三個技巧。

零的溝通

詳略得當

由於你要與上司溝通的思想或要表達的期望，往往用隻字片語難以說得清楚，而上司往往工作比較繁忙，因此如何用較少、較精煉的語言向上司進行表述，是一個值得推敲的問題。

說話與寫文章一樣，也存在詳解和簡答的問題。如果你認為是關係重大的事情，可以講得稍微詳細一點，對一些無關緊要的問題，可以少說，或者不說。因為如果不這樣做，你就有可能沖淡主題，或是話多語失。

遣詞造句

與對方交談的過程，實際上是一個雙方都在運用腦海中所儲備的辭彙，進行遣詞造句的過程。至於如何遣詞造句，這就看你的文學素養了。一般來說，你應根據上司的文學素養和知識水準來決定如何使用辭彙。

如果你的知識面廣、學歷高，而你的上司文學素養可能不如你，這時你同上司交談時，就不應使用大量比較冷僻的書面語言。人們常說：見人說人話，在這裡有一定的道理。所以，聰明的人須注意遣詞造句的應用效果。

語意肯定

當與上司交談時，如果對有些問題或有些事情，必須做出明確的表態時，應該用準確的語言表達自己的正確態度。是同意，還是不同意？是喜歡，還是不喜歡？類似的問題，在語意表達上應該有肯定的答案。詞不達意或模稜兩可，應該肯定的不敢肯定，應該否定的不知道否定，都會影響雙方的有效溝通。

被誤解時要忍著點

客觀事物是複雜的，人們主觀認識在反映客觀事物時往往帶有侷限性。因此，下屬在受到誤解和不公正批評時，首先要做到顧全大局，不計較個人的名利得失，要認真地把上司的話聽完，並做到不當面解釋和頂撞。

其次是要有良好的心理素質，要沉得住氣，不往心裡去，從積極的方面去理解上司一時的誤解和批評，做到不耿耿於懷，不妨礙工作。

再次是要善於給上司台階下。最好的辦法，是你及時向上司彙報一些情況，使上司明白自己誤解了你，對你批評錯了，從而消除誤解，增進相互瞭解和友誼。當上司認識到自己誤解了你和批評錯了，也會主動向你表示歉意。這種表示不一定是內疚的反省和自我批評，很可能是一種「暗示」，是幾句「我當時考慮不周」、「我這人有時性子急」之類的話。這時，你千萬不要覺得上司不夠誠懇，因為這種「表示」將沒有明說的話都囊括其中了。

若你善解上司的心意，會使上司覺得你成熟，可以信賴。在這方面，要防止發生這種情況：上司一表示歉意，你便一把鼻涕，一把眼淚，想把一肚子的委屈全倒出來。如果真這樣做，會使上司反感，覺得你太脆弱，經不起風浪，辦不了大事。

這樣解釋效果好

在與上司相處的過程中，下屬難免會受到上司的批評，大多數的情況下，這種批評是對的，但也不排除上司有評斷錯誤的時候。在上司批評錯了的情況下，下屬採取什麼樣的態度去「溝通」，這將直接影響與上司的關係。

這裡特別要注意的是，面對上司的錯誤批評，下屬不必馬上解釋，因為你越是急於解釋，越會使上司覺得你不誠懇、不虛心、不樂意接受他的批評。常有這種情況：有的人，本來上司對他的看法不錯，但由於對上司的提醒、勸告乃至批評，不是認真地聽下去，表示誠懇接受，而是急於給上司「頂回去」，有時甚至喋喋不休地表白。久而久之，必然會引起上司的反感。

因此，與上司相處，一定要注意溝通的方法，善用「解釋」。

事後解釋

上司的批評，是在一定的時間、地點、條件下說出的，上司之所以會做出錯誤的批評，往往也有他的主、客觀原因。比如說，不瞭解事情的全部過程，聽信了別人的誤傳等等。而且上司一般是不會輕易做出批評的，一旦進行批評，那往往是他自認有一定的道理。同時，上司的批評，也會伴隨著嚴肅的面孔、言詞、甚至大聲訓斥。碰到這種情況，確實也不是每一個下屬都能夠承受的。

但是為了保持良好的上下屬關係，有利於團結和今後工作，下屬應該忍耐和克制，不要給上司「火上加油」。即使受到了很大的委屈，也不宜當面頂撞，可以在事後尋一個適當的時機，心平氣和地向上司說明原委、進行溝通。

這種事後解釋的好處很多，它既維護了上司的威信，又表現了你良好的修養；既維繫了上下屬之間的正常關係，又增加了上司對你的信賴和愛護，一般來說，如果上司事後知道自己批評錯了，也會主動作自我批評。如果當面頂回去，就不可能收到這樣好的效果。

間接地解釋

一般來講，間接解釋比直接解釋好。這種間接解釋，也可以是通過第三者進行的，可以是通過電話、文字資料等中間媒介達到的。無論採用哪種方式，都要使上司覺得你很真誠可信。特別是在受到很大委屈的情況下，往往自己又不便說，採用間接解釋的方式，效果就更好。

試想，如果在首長表示不高興時，你跟著就給予解釋，急於一吐委屈，那不但不能受到上司的表揚，反而還會適得其反，增加上司對你的反感。

有選擇地解釋

無論是當面向上司解釋，還是透過其他途徑向上司解釋，都要本著「點到為止」的原則，切不可糾纏於細枝末節。只要在大的方面解釋清楚了，上司也明白了，就不必喋喋不休地逐個問題、逐個細節地給上司解釋。如果你不擇要領，不把大的問題解釋清楚，反而在枝節問題上滔滔不絕，那麼，即使你本來有「理」，恐怕也難以收到好的效果。

所以在向上司解釋前，必須要認真思索，把事情的來龍去脈理清楚，弄清何以要向上司解釋，哪一點或哪幾點必須解釋清楚，這樣才不至於在向上司解釋時發生東一椿西一件，什麼都想說，但什麼也說不清的錯誤。

真誠地解釋

作為下屬，對上司任何時候、任何場合下的批評，都要本著「有則改之，無則加勉」的態度，嚴格檢查自己的不足和過錯，哪怕上司的批評只有百分之一的正確，都應嚴於檢討自己，主動地、誠懇地向上司作自我批評，不能以為自己只有那麼一點點錯，就不必作自我批評。

上司工作繁忙，頭緒很多，說錯話、辦錯事也是不足為奇的，而當他意識到自己批評錯了，下屬又能原諒他、體諒他，主動作自我檢討時，在無形中就增進了上下屬之間的感情和友誼。如果下屬有錯不認，或者一味地責怪上司，或者等待上司先向自己認錯，那只會導致上下屬關係的緊張。

注意「閒談」的時候

上司下屬之間也有「閒談」的時候，但這個「閒」可不是可有可無。一位當祕書的朋友經常與我談起，他的一位上司幾乎每天都要到他的辦公室來「聊聊」，有時一坐就是好幾個小時。每次與上司「閒談」後均有收穫，當相互間的瞭解和友誼加深了，對於避免相互之間產生誤會非常有效，工作起來也更得心應手了。

因此，千萬不要以為上司真的是閒來無事，有意與你「扯淡」。因此，當上司與你「閒談」時，你必須馬上放下手中的事情，聚精會神地投入，切忌心不在焉。從禮貌角度講，也應鄭重其事地迎接上司送上門來的「閒談」，因為這樣的機會不是經常能夠碰到的。

而當上司拉開「閒談」的架勢後，你得適時地接過話題，使「閒談」在悠然自得的氣氛中不間斷地進行下去。如果你像平時接受上司指示那樣畢恭畢敬，只會點頭稱「是」，那「閒談」就談不起來了。

所以，你平時必須注重學習，養成思考問題的良好習慣、特別對國內外大事、最近熱門的話題，都應該有較全面的瞭解和正確的看法。這樣，與上司「閒談」時才有「本錢」。

在「閒談」時，上司可能就國內外或部門裡的某一件事情發表意見，或對某項工作發表感慨，或就某一問題與你探討。作為下屬，你應該準確地把握住上司的思路，尤其是要循著上司的思維適時發表你的見解，以利於上司進一步拓寬思路，或給上司某種啟發。

在交談中，你應盡可能用事實、數字說話，提供的資料最好是上司平時不大注意或沒有掌握的。在「閒談」中還應注意弄清以下問題：一是上司近期關注的大事是什麼。二是上司近期有無重要活動，如：是否要在什麼會議上講話，是否要起草下達什麼重要文件等等。三是上司對當前人們關心的一些問題的基本看法，如果能在「閒談」中弄清上述問題，或者聽出了上司的傾向性意見，這樣你在工作中就容易把握「主旋律」，不至於老是在做白工了。

與下屬「閒談」，實際上是上司的一種工作方法。上司與你「閒談」後，如果有任務交給你，你必須認真回味「閒談」中的內容，盡可能地把上司的「意思」想清楚，然後再去執行。如果在「閒談」中還有什麼問題沒有解決，則「閒談」後你應該繼續下功夫解決，不能不了了之。

同時，從思維方法、表達方式等方面也應做一番思考，如對同一個問題，為什麼你與上司想不到一起，或者不如上司想得全、想得深？多進行這樣具體的分析和研究，就能更深入地瞭解你的上司，更便於做好上司交給你的工作，真正成為上司的好參謀、好幫手。

暗示的技巧

《韓非子》載，楚莊王執政三年，從來不發什麼命令，在政治上也沒有什麼作為，文武百官莫名其妙。有一天，右司馬在馬車裡悄悄對莊王說：「大王啊，我聽說有一隻大鳥棲息在南山之上，三年不飛、不叫、不理羽毛，沒沒無聞，這是什麼道理呢？」楚莊王答道：「三年不動翅膀，是為了讓羽毛更加豐滿；三年不飛不叫，是為了窺看民間的情形。雖然不飛，但一飛就沖天；雖然不鳴，一鳴就驚人。你所比喻的意思，我知道了。」

這個例子告訴我們，暗示上司的時候，要盡量委婉一些，敘述時要點到為止，讓上司自己領悟，說得太「白」了，就失去了暗示的意義。

《左傳》中有個故事：晉靈公勞民傷財要建九層高台，並下令臣屬不得勸諫。大臣荀息笑著說：「大王，我給你表演個小把戲吧！」晉靈公問：「什麼小把戲？」荀息回答，「我可將九個棋子堆壘起，上面再加十二個雞蛋。」晉靈公很感興趣，讓他表演，荀息把棋子堆完，又把雞蛋一個、兩個地加上去，這時晉靈公情不自禁地喊道：「危險！」荀息淡淡地說：「這沒什麼，還有比這更危險的呢！」接著痛切地說道：「大王為造九層高台，到處徵集民夫，造成地無人耕、布無人織，國家已近潰亡，還有比這更危險的嗎？」晉靈公幡然醒悟，於是下令停建高台。

零的溝通

第二個例子告訴我們，暗示上司的方法要因人而異，因事而異，要善於動之以情，曉之以理，使上司在不知不覺中接受你的暗示。

暗示，即是用間接、含蓄的方式表述自己的意見、態度。在與上司相處的過程中，為了維護上司的尊嚴和威信，你不能不及時、準確地給上司某種暗示，也不能不懂得上司對你的暗示。這種相互暗示的過程，便是配合默契的過程。如果不懂得暗示中的技巧，恐怕發生誤會是在所難免了。

如何暗示，前面已經說過，接著說怎樣領會上司的暗示。

語言是心靈之窗。上司的想法、觀點、意圖等都會通過他的言談表現出來。因此，好的下屬完全可以「聽話聽音」，與上司「心有靈犀一點通」。

聽出上司的弦外之音，並盡可能地滿足上司的要求，這是贏得上司信任的重要方法。當然，上司也會通過旁敲側擊、點到為止等方法，及時暗示你不該說什麼和不該做什麼。這種暗示有時很深沉、很含蓄，不用心體會是不能明瞭其中的意思的。

上司的一個手勢、一個皺眉、一個哈欠，有時就可能表達一種他不願用語言來表達的意思。因此，你必須留心觀察上司的喜怒哀樂，以把握上司心理，做好自己的工作。

不善於體察上司神態的人，往往會在上司面前「碰釘子」。有的下屬喜歡我行我素，以至於上司對他反感甚至有較大看法時還全然不知，這一點是必須防止的。不過察言觀色，是要你做到「善解人意」，並不是要你時時處處都看上司的臉色、眼色行事。

在上司身邊工作，說話辦事呆頭呆腦是不行的；太精明，整天神經過敏也不行。要做到靈活、機靈、靈敏。作為下屬，有時需要有點「敏感」，並善於舉一反三，這樣才能適應上司對你的要求，協調好與上司之間的關係。

一 避免說錯四種話

有時在上司面前說錯了話，雖不至於掉腦袋，後果卻也很糟糕。

俗話說：「伴君如伴虎。」上司畢竟不像一般同事，何況一般同事之間也得注意分寸，不能太無所顧忌。所以與上司相處就更應該注意，平時說話交談，彙報情況時，都要多加小心。特別是一些讓上司不快的話，就更要留心。

實行有困難

上司分配工作任務下來，下屬卻說「有困難」，這樣直接讓上司下不了台，一方面說明自己在推卸責任，另一方面也顯得上司沒遠見，讓上司沒有面子。

您真讓我感動

其實，「感動」一詞是上司對下屬的用法，例如說：「你們工作認真負責不怕吃苦，我很感動。」而晚輩對長輩或下級對上級用「感動」一詞，就不太恰當了。尊重上司，應該說「佩服」。如：「經理，我們都很佩服您的果斷。」這樣才算比較恰當。對上司說：「不行是嗎？沒關係。」這話是對上司的不尊重，缺少敬意。退一步來講，也是說話不講方式方法，說了不該說的話。

無所謂，都可以

過度客氣反而會招致誤解。和上司說話應該小心謹慎，顧全大體。但顧慮過多則適得其反，容易遭受誤解。因此應該善於察言觀色，以平常心去應付，習慣成自然，對這類情況就可以應付自如了。如果想克服膽小怕事的心態，有時越是謹慎小心，反而更容易出錯，會被上司誤認為沒有魄力，不值得重用。

你不清楚

即使對熟悉的朋友來說，這句話也會造成很大的傷害，對上司說這樣的話，更加差勁。

一 維護上司的權威

下屬應保持對上司的尊重，切不可流露出對上司意見不屑一顧的神色。一定要把談論工作和個人的能力或尊嚴區別開來，時刻去留意，不能把工作的看法誤當作對人的看法；也不能讓對方誤解，認為自己對上司本人有看法。

只要上司感到你仍然有維護他的權威，你的意見是針對工作而非是「藉工作之名，行人身攻擊之實」，他們多半會冷靜下來，仔細考慮你的想法。只要你處處替上司著想，上司不是沒有感覺的，他最終定會被你的忠誠所感動。

與上司談論問題時，還要注意方式方法，一般來說，要以一種能讓上司更容易接受的方式來說明自己的想法。語氣要溫和，言辭要中肯，重要的是要有分析、有根據，條理清晰、能夠說服別人。

下屬一定要清楚，上司始終是權威，擁有最終的決策權，而你只不過是提供一種建議。對上司說明看法，不要選用那些過於肯定的詞語或方式，而是要用建議的語氣委婉地加以表達。比如說：「是否可採用這樣的方式？」「我想這樣是不是會更好些？」「也許這些看法會對您的計畫有所補充。」「我覺得應該向您反映一些情況。」等等。

向上司提建議還要選好時機和場合。在公開場合不如私下提建議好；事已確定就不如事情尚處醞釀中提建議好；上司正在發脾氣時說，不如等他心平氣和時提建議好；上司情緒低落時，不如選在上司較得意時提建議好。總之，下屬應根據上司的性格、情緒、環境等，伺機而動，選擇一個最能使他接受別人意見的機會提建議。

下屬在與上司說話時，切勿激動，而是要時刻提醒自己，即使自己是對的，也要注意態度、方式方法和時機問題，不要衝撞對方，引起上司的怒火，使他對你懷恨在心。

要讓上司對你另眼相看

要想爭取上司的信任，當然不是一朝一夕就能達成。有人認為「比其他人做更多的工作、超時工作」才是最重要的，但這只是老觀念而已。新一代的老闆會認為：「工作並不算繁重，卻要加班才可完成，這是低效率的工作能力。」

要想使上司對你另眼相看，最實際的是工作盡責外，還要注意以下各點：

學懂每一個流程的進行

注意上司如何做他人的工作，怎樣與高層行政人員溝通，其他部門又擔任什麼角色。當你成為這個行業的專家時，老闆當然會對你青睞有加。

幫助上司發揮專業水準

如果你能幫助上司發揮其專業水準，對你必然有好處。例如，上司經常找不到需要使用的檔案，而你盡快替他將所有檔案有系統地整理好；要是他對某客戶處理不當，你可以得體地幫他把關係緩和；如果他最討厭做每月一次的市調報告，你不妨代勞。這樣，上司覺得你是好幫手後，你自己也可以多儲備一些工作本錢。

提昇工作價值

要想名利雙收，不可只滿足於做好自己的分內事，還應在其他方面爭取經驗，提升工作「價值」，即使是困難重重的任務，也要勇於嘗試。分析一下哪些問題才應勞煩老闆注意，如果真有難題，請先想想有什麼建議，更不應投訴無法改變的條例。

零的溝通

與上司保持良好的溝通

這種技巧十分微妙，給上司簡潔、有力的報告，切莫讓淺顯和瑣碎的問題煩擾他，但記得重要的事還是必須要請示他。

耐心尋找上司的工作特點

以他喜歡的方式完成工作，不要逞強，更不要急於表現自己。隨時隨地抓緊機會表示對他忠心耿耿，以你的態度說明一個事實：我是你的好朋友，我會盡己所能為你服務。不要以為上司很愚笨，如果你真的努力這樣做，他會看在眼裡，一定會明白你的意思，對你日漸產生好感。

適時提醒

聽到有什麼對公司不利的謠言或傳聞，不妨悄悄地轉告上司提醒他注意。不過，你的措詞與表達方式必須特別注意，說話簡明、直接為最佳方式，以免發生誤會。

適應不同上司的工作方式

這也是上班族必須懂得的技巧之一。如何去適應一點也不困難，只要本著誠意去與對方接觸，摒棄一切主觀看法或者其他同事的不正確意見即可。

零的溝通

避免誤會

上司向你交代任務後，你必須先瞭解對方的真意，再衡量做法，以免因誤會而種下惡根或招來不必要的麻煩。

建立良好關係

誰都知道與上司建立良好的工作關係，對自己的工作是有百利而無一害。自己做錯了事，不要找藉口和推卸責任。解釋並不能改變事實，承擔了責任，要努力工作以保證不再發生同樣的事才是上上之策，同時得虛心接受批評。

要使上司信任你和準時完成工作

做任何事一定都要檢查兩次，確認沒有錯漏才交到上司面前。謹記工作時限，若不能準時做好，應預先通知上司，當然最好不必這樣做。必須圓滿地把工作完成，不要等上司告訴你應該怎樣去做。

學會配合

上司願意選擇你做為他的下屬，他對你的印象自然很好，你必須丟開對上司的偏見，事事替他著想，把他的事當成自己的事。很多下屬對自己的上司，都會有以下的評論：他的辦事能力遠不及我，卻表現出不可一世的樣子，只懂得一味批評下屬的工作做得不好，一旦出現問題，他又推卸責任。誰也無法從他那裡得到明確的指示，大家都認為他不是一位好上司。

奈何在現實生活裡，碰到這種上司也只能服從。你感到很氣憤，不過，請你不要忘記：每個人都不是十全十美的，在公司裡與其明爭暗鬥，甚至兩敗俱傷，不如努力與每一個人合作愉快。孔子不是告誡人們「小不忍，則亂大謀」嗎？你應該檢討一下自己的態度，學會與公司裡的每一個人做朋友。

所以說，我們在工作中最應該做的是支持、愛戴你的上司。常常站在他的立場想一想，你會發現對方有許多不得已的苦衷，無論遇到任何工作上的困難，對上司都不可過分依賴，避免與他發生任何正面的衝突。尊敬你的上司，你會發覺對方慢慢開始接納你的意見。

讀懂上司，贏得賞識

李續賓是曾國藩手下善於揣測其意圖的愛將。有一次，曾國藩召集眾將開會，分析當時的軍事形勢時說：「諸位都知道，洪秀全是從長江上游東下而占據江寧的，故江寧上游乃其氣運之所在。現在湖北、江西均為我收復，僅存皖省，若皖省克服……。」

此時，李續賓早已明瞭曾國藩的意圖，於是順勢道：「大帥的意思，是想要我們進兵安徽。」

「對！」曾國藩讚賞地看了李續賓一眼，「續賓說得很對，看來你平日對此早有打算。為將者，踏營攻寨、計算路程尚在其次，重要的是要胸有全局，規劃宏遠，這才是大將之才。」

與上司相處時能領會上司的意圖，讀懂上司，最能考驗一個人的社交能力。我們經常聽到上司說某某人「悟性好」，也經常聽到上司抱怨某某人「死腦袋」。由此可知，善於領悟上司意圖，是會表現的要點之一。

獲得支持的方法

想在工作中尋求有效的工作成績，獲得大家的認可，首先要在工作中取得上司的支援，這才是我們每個人的工作目標。在這個過程當中，懂得怎樣調動上司的積極性，是一條行之有效的捷徑。

美國著名管理學家杜拉克說：「運用自己上司的長處，才是部屬自身有效性的關鍵，唯其如此，部屬的貢獻，才能獲得上司的支持；也只有如此，部屬才能完成其本身的見解。」那麼，如何才能觸動上司的積極性呢？

零的溝通

作為下屬，應該準確知道上司的長處和短處，以及他的工作習慣，並要積極地適應上司的習慣。下屬的聰明才智需要得到上司的賞識，但如果在上司的面前故意展現自己，則不免有做作之嫌，上司會因此認為你恃才傲物、盛氣凌人，而在心理上覺得你難以相處，使彼此之間產生隔閡。

當下屬發現上司的決策、意見有錯誤和失誤而提出忠告時，不是直接去點破，而是用徵詢意見的方式，向上司講明其決策、意見本身與實際情況相違背，使上司在參考你提出的眾多資料時，能整理出你所要說的正確結論。

上司在整個公司高層的組織中，由於受到主、客觀條件的限制和制約，難免會遇到這樣或那樣的困難，對於下屬提出的要求，也不可能做到有求必應。因此，作為下屬，應該瞭解和體諒上司的難處，多多站在上司的角度換個立場思考一下。必要時主動運用自己的才能，來為上司分憂解難。這樣不僅可以避免與上司產生矛盾和摩擦，而且能夠密切聯繫上下屬關係，奠定獲得上司信任和重用的基礎。

體諒上司要設身處地替上司著想。上司作決策、處理問題，總是根據更高層的方針政策和有關公司的具體情況，具有對整體的指導意義，不可能滿足每一個人的心願。

對於任何人來說，缺點、錯誤都是與生俱來、不可避免的。上司自然也不可能違背這一規律。所以只有正確對待上司的缺點、錯誤，才會使我們不失原則地處理好與上司之間的關係。

此外，要贏得上司信任，不讓上司對你產生誤解的重要因素之一，就是做一個守口如瓶的好下屬。

零的溝通

在上司身邊工作的下屬，權力不大，但影響大；職位不高，但知道祕密的程度高。正因為如此，往往自覺不自覺地產生一種優越心理，隨著時間的推移，這種心理會導致行動上的高傲和驕橫。

有一些這樣的下屬，一旦上司決定了某件事，他馬上像吃了興奮劑一樣，到處口若懸河地亂吹一氣，生怕別人不知道，似乎不這樣做，就不足以證明自己的身分。其實，這是大錯特錯的。

由於工作的關係，你比別人掌握更多機密，但這絕不能作為炫耀自己、抬高身分的本錢。要試著克服不應有的優越心理，把自己擺在普通人的位置上，那麼你就能增強責任感，更好地保守機密了。

有些人會讓你喝得酩酊大醉，使你「酒後吐真言」；他上門饋贈重禮，然後從你嘴裡掏出實情；他好像在與你閒聊，實際上是一步步引你上鉤，讓你掉入他的圈套，從而瞭解到他所需要的情報。因此，作為一個好的下屬，必須經得起金錢、美色、威嚇、人情等考驗，始終不失態、不失言。

要做到這點，首先要不斷提高自制能力。二是要少管「閒事」，由於你與上司有一種特殊的關係，所以要求你辦事、打聽消息的人一定會有。在這種情況下，你要抱著「多一事不如少一事」的態度，盡量不主動找事，不主動攬事，因為多管「閒事」免不了要涉及應該保守的祕密。只有做到不該管的事堅決不管，才能有效地保守祕密。

我們在說話時，有時會出現「說者無心，聽者有意」的情形，特別是在上司身邊工作的下屬，人家知道你掌握不少機密，有時會有目的地與你接觸，你不小心說漏了嘴，別人就會如獲至寶。因此，可以多用一些含糊之詞，以便達到似是而非、模稜兩可的語言效果。

上司要求下屬保密的事，除了工作上必須保密的事項外，還有一些屬於上司個人的祕密，也必須無條件地保密。有時，上司要和各方面的人打交道，處理各種矛盾，有時他會非常強硬，有時又會妥協讓步；有時他會在大庭廣眾之下侃侃而談，有時則只對自己的「知音」傾訴難言之隱等等。

零的溝通

作為在上司身邊工作的下屬，對上司如此複雜的感情、情緒變化，是可以通過其言談舉止有所領悟的。所以，有些事下屬只能看在眼裡，記在心裡，切不可外傳。

對上司之間的矛盾不要多言

在一起工作，難免會產生一些意見分歧，甚至較大的矛盾。作為上司身邊的下屬，你完全沒有必要介入上司之間的矛盾，更不應該說三道四，不負責任地擴散這種矛盾。最好的辦法是：做好你自己的本職工作，對上司一視同仁。

對上司的失誤和缺陷要保密

當上司工作上產生失誤時，其心情也是很難受的，作為一個好的下屬，應該多做促使上司振作精神的工作，絕不應該把上司的失誤當作小道消息到處傳播。對於上司本質上就存在的缺陷，更應該區別情況，從關心、愛護上司的角度給予彌補，絕不應該嘲笑、挖苦。

對上司個人的私事要保密

特別對上司個人生活上、心理上、婚姻上、子女教育上等有難言之隱的地方，更應該注意保密。記得一位名人說過：「任何人在貼身侍從眼裡都成不了英雄。」這個意思是，侍從跟隨上司時間久了，什麼也瞞不了他，尤其對上司的缺點和不足比一般人看得更清楚。因此，下屬要從維護上司的形象出發，學習上司的長處，淡化上司的缺點。如此一來，必然會贏得上司的信任和支持，才能使上下屬之間的關係變得更為融洽。

馬屁不要隨便拍

作為下屬，必須牢固樹立「不拍馬屁」的觀念，努力做到：老老實實做事，堂堂正正做人。因為拍馬屁也會引起誤會，反而壞了你的事。

不管作為上司也好，下屬也好，只有分工不同，沒有貴賤之分，彼此都是為了一個共同目標努力。因此，處理上下屬之間關係的準則應該是：人格上互相尊重，生活上互相關心，工作上互相支援。

作為下屬，首先要認清自己所扮演的「角色」，有較強的「角色」意識，認清自己的位置。「拍馬屁」固然不可取，但那種不分青紅皂白，事事都與上司對衝的人，也不能認為是「不拍馬屁」的好漢。

要贏得上司的信任與器重，最可靠的辦法就是把工作做好。靠「拍馬屁」可能會得意一時，但絕不會長久，因為正直的人是絕對不會賞識那些心術不正的下屬的。

「不拍馬屁」，首先要表現在與上司交往的一言一行中，對上司要講真話，說實情，不要投其所好，更不要過度地讚美，有意往上司臉上「貼金」。因為，在正直的上司面前玩弄這種小把戲，日久天長，你必定會受到輕蔑和抵制。

在生活中，也許你會碰到喜歡「拍馬屁」的上司，即使是這樣，也不要低三下四的去迎合上司，做違心的事。上司喜歡下屬拍他馬屁，這不是一般的缺點，而是人格素質的問題。碰到這樣的上司，你所能做的便是「出淤泥而不染」。上司喜歡別人「拍馬屁」，身邊一般都有一些投其所好、專看上司眼色行事的人，而一些有真才實學的人往往得不到應有的重視。處在這樣的環境中，說話辦事要留神，千萬不要陷入「拍馬屁」的圈中去。

當然，喜歡「拍馬屁」的上司只是極少數，即使遇到這樣的上司，也不要灰心喪氣。因為公司除了上司以外還有同事，更何況上司也是可以改變的呢。

不過，與上司搞好關係，這不是「拍馬屁」，因為下屬要做好工作，離不開上司的關心和幫助。無論是從做好工作的角度來說，還是從同事關係的角度來講，

零的溝通

下屬和上司搞好關係都是應該和必要的。

在日常工作中，有的下屬積極主動地為上司出主意想辦法，助上司一臂之力；有的下屬對上司交辦的工作想辦法去完成，即使有很大的困難，也從無怨言，以自己出色的工作能力為上司分憂解難；有的下屬經常向上司彙報工作，以求得到上司及時的指點……所有這些，都不應該看作是「拍馬屁」。如果把整天與上司對衝的人奉為榜樣，似乎只有這樣的人才是「不拍馬屁」的好漢，那麼，我們這個社會恐怕也就不能正常運轉了。

所以有意討好上司，為達到某種不可告人的目的而向上司送禮之類的事，當然是屬於「拍馬屁」無疑。但講點人之常情，與上司正常交往，也是正常的。上司也是人，很多事情也需要別人，特別是自己的下屬能夠理解。如果下屬忽略建立這種正常關係，有意疏遠上司，不敢接近上司，這就大錯特錯了。

一　保持適當的距離

古人云：「君子之交淡如水。」下屬與上司之間無非只是工作關係而已，在工作中你注意與上司保持一定的距離，就會與他們相處得比較好，工作起來也比較順心，更能避免產生誤會的機會。

這種與上司保持一定距離的「內幕」，也不是外人所能全部瞭解的。所以說，與上司相處也是一門學問，是一門人際關係學。作為下屬，既要尊重上司，又不可過從甚密；既要恰到好處地處理好與上司的關係，又不要因為與上司不分你我，產生誤會而影響同事對自己的看法。因此，如何與上司保持一定距離是值得注意的。

注意接觸頻率

在你的上司超過兩位以上的情況下，要時常檢查自己，有沒有與某一位上司接觸過頻的問題。這裡特別要提醒的是，「八小時之外」與上司的接觸最為敏感，必須謹慎處之。逢年過節，禮節性地拜訪上司應另作別論，如果工作之餘經常與某一上司保持接觸，則容易引起種種不必要的誤會。你雖「君子坦蕩蕩」，但總有「小人長戚戚」，還是注意一點為好。

由於工作關係，你可能與某一位上司接觸較多，而與其他上司接觸較少。因此，你應當注意調節「頻率開關」，尋找與接觸較少的上司打交道的機會。

不要刻意表現出你與上司之間的親密關係

毋庸置疑的，每一個上司都有幾個自己喜歡的下屬，每一個下屬也都有幾個自己所尊敬的上司。因此，某個上司對你有好感，你對某個上司很「崇拜」，這都是很正常的。

但作為下屬，一般不要輕易表現出與上司的親昵關係，尤其在公共場合更要注意。如果不管什麼場合，一見到與你關係不錯的上司，你就迎上去東拉西扯套交情，周圍的同事就會對你產生誤會，時間一長，上司對你也就自然而然地冷淡了。所以，當你與上司在工作中建立起一定的親密關係後，一定要珍惜它，不要輕易「露餡」，這樣會在有意無意之間損害它。

不要抱上司的大腿

要明白，你與上司在人格上是平等的，不是庸俗的人身依附關係。用一句通俗的話講，就是不要「抱大腿」、「找靠山」。你把心思用在盡心盡力、任勞任怨地做好工作上，這本身就是一種建立正常的上下屬關係的表現，也是最好的「保持距離」。

如果你把心思用在琢磨上司喜歡吃什麼、玩什麼、家中缺什麼，要辦什麼事情等小事上，那本身就是一種思想意識的問題了。因此，只要你行得正，坐得端，即使與上司接觸多些，也不會產生閒言碎語，帶來誤會的麻煩。

總之，你與上司保持距離是一個動態的過程，是在自然而然中形成的，如果有意與上司疏遠以示保持距離，或者有意與上司接觸，以示縮短距離，這都是不恰當的。

一 與上司交往的九條法則

總而言之，處理好與上司的關係是有規律可循的，一般應謹記以下九條原則。

瞭解上司

孫子兵法中有句話叫：「知己知彼，百戰百勝。」與上司交往，應該弄清楚上司的背景、他在公司中的歷史，以及他的工作習慣、事業抱負與個人喜好。不要在不瞭解的情況下，武斷地下結論。例如上司沒有傲人的學歷，你可能懷疑他會嫉妒你的博士學位。但事實上，他很可能認為有個工商管理博士當下屬是很體面的事呢。

態度積極

成功的上司大都樂觀進取，而且希望下屬也是採取同一態度。一位幹練的下屬很少使用「難題」、「危機」或「挫折」等字眼，而是以「考驗」、「挑戰」來形容困難的情況，然後著手擬訂解決的辦法。跟上司談到同事時，只說他們的長處而不說短處，這樣做既有助於你和別人的合作，亦能增進你善於與別人相處的聲譽。

零的溝通

說話簡明

時間是上司最寶貴的東西，所以言簡意賅至為重要。所謂簡潔，並非急急忙忙將許多事情一口氣講完，而是能選擇重點，說得直截了當而又清楚明白。

寫公事便箋最好只限定一頁

如果必須提出詳盡報告，也要附上一頁摘要。文筆好不但可以展示寫作能力，更能反映思考能力，所以下筆前務必先澈底考慮整個問題。善於傾聽的人不僅能聽見上司說些什麼，而且能聽懂他的意思，如此才能夠把握重點，回答得中肯。

凝神聆聽上司說話

保持目光接觸而不瞪視，必要時可邊作筆記。上司說完之後，你要等待一下，用心體會他的意思。然後，提出一兩個問題，弄清楚幾個要點，或者將上司的話扼要的複述一遍。記住：上司賞識的是那些不必一再叮嚀的人。

信守諾言

下屬的長處只要能抵消短處而有餘，上司便會容忍。最不能容忍的是言而無信，如果你表示能完成某項任務，結果卻沒有做到，你的上司便會懷疑你的可靠性。發現自己力有未逮時，應盡快報告上司。他雖然會因此覺得不快，但比起日後才發覺會輕微得多。專業管理顧問狄朗尼說：「寧可讓人知道自己犯了無意的過錯，也不要有意地去犯錯。」

自己解決困難

下屬解決不了自己的困難，就會浪費上司的時間和損害他在公司的影響力。因此，如果你能處理自己的困難問題，不但有助於培養自己的才能和建立必要的人際關係，還可提高你在上司心目中的價值。

「拒絕」要注意技巧

不要未經思考就立即拒絕上司提到的一項建議。他也許已看到這項建議有某些優點，否則不會徵詢你的意見。如果到頭來你還是不贊成，應該用問話的方式來表示反對，例如：「我們可以這樣改變而不妨礙工作的進行嗎？」如果你說明你的反對是根據他所不知道的有關資料，那就再好也不過了。不要害怕向上司報告壞消息，不過要注意技巧。比起一味奉承上司使他犯錯而不自覺的下屬，願意委婉地指出上司錯誤的人，最後會有更好的結果。

早到而不遲退

勤勞工作足以顯示熱誠與忠心。想多工作一些時候應在上班之前，而不應在下班之後。因為早上精力充沛，你不會感到疲乏，而且早到還表示「急於著手工作」，遲退則表示「工作還沒有做完」。

切勿因為想跟上司維持良好的關係而過分操心，以至妨害你的創造能力與生產能力，盡量做好自己的工作乃是對待上司的最佳辦法。

09

當你身為上司

上司與下屬之間的大多數溝通是建立在口頭基礎上，要想把每一條命令、每一項建議都寫下來是不切實際、也是不可取的。但問題在於很多時候以口頭方式發出的簡單指示、請求或意見，會被聽者澈底地誤解了。

你對這種不良的結果感到非常失望，而員工卻認為自己在忠實地遵循管理者的指示行事，也因此而十分不愉快。到底要如何減少這種誤解呢？

口頭指示的三個重點

首先，要仔細考慮指示的內容：

①我想要說什麼？

②這一資訊應該告訴誰？多少人將會受其影響？

③傳達資訊時，我擁有可靠的事實嗎？

④如何最好地表述資訊，使下屬能夠理解？

⑤下屬會在第一時間理解嗎？資訊需要重複嗎？

⑥下屬可能做出什麼樣的反應？他們會有不同意見嗎？

⑦需要對資訊進行「包裝」嗎？

⑧在下達指示時是否還需要當場示範？為了進行這種示範需要做些什麼工作？又應該由誰來進行示範呢？

⑨接受指示的人需要時間進行練習嗎？需要多長時間？

然後要注重談話的方式與內容，當我們用粗聲粗氣或不愉快的語氣傳遞資訊時，聽者所接收到的反應幾乎總是情緒性的，由此管理者可以預料到聽者也會以同樣的方式做出反應。

最後在傳遞口頭資訊時應該考慮的一項重要因素是，到底應該在什麼地方傳遞資訊？辦公室是傳遞資訊的最安全場所，這裡是上司權威的最強象徵。對於下面這些資訊來說，選擇辦公室作為交談地點是十分恰當的：新的指示、流程的變化、需要解決的問題以及對員工進行的批評。

一　指令要明確

在你忙得喘不過氣來之際，當然希望有人能夠助你一臂之力，但一想到這可能要花更多時間向下屬解釋工作流程，你是否會因此打消求人的念頭，事無大小親力親為，以至自己成為全公司最忙碌的人？

不管你是老闆，抑或是一名部門上司，當你說出自己的要求與指示的時候，如何才能讓下屬對你言聽計從，成為你真正的好幫手？很多時候，下屬誤解你的意思，往往並非對你心不在焉，或是缺乏理解能力，責任可能是在你的身上，因為你缺乏發出指令的技巧，才會導致誤會產生。

這裡有一些建議，能使你與下屬合作無間，融洽相處，發揮工作之最大效果。

盡量和顏悅色地說出指令，

在交付工作之際，你要避免跟對方閒扯，應該言歸正傳，用大家所熟悉的用語，簡明地講出你的意思，或希望工作完成到怎樣的效果，同時解釋你為何需要對方那樣做，如此對工作有什麼重要的影響等等，使它變成一種討論甚至是請求。譬如，你說：「××，在下班前，不知你是否可以將這份財政報告編排好？」

很多上司一味吩咐下屬該怎樣怎樣做，卻忽略對方的感受，把他人當作一部只是聽從指令的電腦，讓下屬一知半解，很容易犯錯誤，造成與自己的意願相違。

不要掉頭便走

儘管你的時間很寶貴，但講完指示後，不要掉頭便走，稍微在下屬的身旁停留數分鐘，傾聽他的發問，體諒他的處境，激發他的士氣，讓對方曉得你跟他一樣朝著這個工作目標而努力。如此以身作則，你的指示才會如願以償，讓事情進行得更順利。

不把下屬當「笨蛋」

信任，是人際交往中的最高獎賞，它使人際交往充滿了誠摯的友情。一份信任，勝過千言萬語，給人勇氣、信心、溫暖與力量。心理學家證明：渴望信任是人類心理的普遍需求之一，據研究，被信任的兒童，其學習成績大大高於得不到信任的兒童的成績。獲取成就的人，百分之六十五都可以得到相當的信任。所以，古人早有高論：「不寶金玉，而忠信為寶。」為什麼要強調以忠信為寶，就是為了取信於人。

在日常工作中，信任下屬是非常重要的。可以這樣說，建立起充滿信任的上下屬關係，是工作中避免誤會、獲得成功的奧妙所在。不信任下屬，把下屬當「笨蛋」，就不可能做好管理工作。

人的需要是多方面的，第二次世界大戰期間，美國心理學家馬斯洛把人類需要劃分為五個層次，提出了「需要層次理論」。他認為，人類的需要是分層次出現的，按照它們的重要程度和發生順序，由最低級的需要開始，向上發展到高級的需要，呈階梯狀，即「生理需要」、「安全需要」、「社會需要」、「尊重需要」、「自我實現需要」。

生理需要

這是人類最原始、最低級、最迫切也是最基本的需要。它包括維持生活所必需的各種物質上的需要。這些需要如果不能滿足，人類就難以生存下去。從這個意義上說，它是推動人們行動的最強大動力。

安全需要

當一個人生理需要得到滿足後，就希望滿足安全需要。安全需要包括心理上的安全、勞動安全、職業安全、環境安全、經濟安全等等。

社會需要

一個人在基本滿足前兩種需要後，社會需要開始成為強烈的動機。它包括社會的欲望和歸屬感等。馬斯洛認為，人是社會的動物，每個人都有一種歸屬於某一團體或群體的感情，希望成為其中的一員並得到相互關心和照顧，不感到孤獨，因此有與社會交往的需要。

尊重需要（心理需要或自尊需要）

指自尊和受人尊重，這是一種社會承認。這類需要很少得到完全滿足。

自我實現的需要

這是最高層次的需要。要求最充分地發揮一個人的潛力，實現個人理想、抱負的需要，做一些自己認為有意義、有價值的事情。這種需要包括勝任感和成就感。具體表現為：有出色完成任務的欲望、喜歡承擔挑戰性工作、能廢寢忘食地工作、把工作當作一種創造性活動並取得成功。

我們要特別注意下屬最高層次的需要，最大限度地滿足下屬的勝任感和成就感。在實際工作中，我們經常可以聽到有的人這樣說：「辛苦一點沒什麼，只希望上司能夠信任我們。」可見「信任」兩字在下屬心目中是多麼有分量！從某種意義上說，信任就是對下屬的尊重，就是滿足下屬自我實現的需要。

古人云：「士為知己者死。」何謂知己？就是瞭解他人、信任他人，並充分發揮他人才能的人。上司一定要努力成為下屬的「知己」，使下屬心悅誠服，而努力工作。

有人說過這樣一句話，「上司把我當人，我把自己當牛；上司把我當牛，我把自己當人！」細想一下，這句話的涵意是多麼深刻啊！首先，全部問題的關鍵，在於是否把下屬「當人」！上司應該尊重下屬、理解下屬、信任下屬，而不應該視下屬為草芥，把下屬「當牛」。否則，結果是完全相反的，而且帶有對抗性。一旦下屬把自己「當人」，就有可能把上司「當牛」，進而看不起你。其次，管理者有責任使下屬認識到自身存在的價值，最大限度地發揮其潛能。從這個意義上來說，你的信任也是一種原動力。

對那些值得信賴的下屬要委以重任，讓他們獨立開展工作。不過，信任下屬，絕不是說盲目地、不加分析地信任每一個下屬。如果那樣的話，上司的存在也就顯得多餘了。那麼，要如何分辨哪些下屬是真正值得信任的呢？這雖然很難下定義，但可以以實踐為標準，在實際工作中逐步認識和把握。例如，對在實踐中顯露出某一方面的才華並取得成績的人，你應大膽地信任他們、培養他們，使他們逐步成為某一方面的行家高手。再例如，有些人很有毅力和耐力，遇到困難不輕易放棄。對於這樣的下屬，可以充分地授權他們去處理那些棘手的難題，或單獨外出執行某項重要任務。

好上司與壞上司

如果你要避免誤解，真正贏得人心，協調好同下屬的關係，必須講究誠實。誠實包括實事求是、求真務實、光明磊落、待人誠懇、開誠布公、表裡如一、說到做到等多方面的要求。作為上司，應該把下屬看成是志同道合的戰友，是分工不同、目標一致的「夥伴」。因此上下屬之間應該坦誠相見，有一說一，有二說二，不應有任何的虛偽和做作。

但在實際生活中，有的上司不注意培養誠實的作風，因而遭到下屬的強烈反對，而且帶來了很不好的影響。上司一旦失去了下屬的信任，彼此溝通就會出問題，人為地製造了上下屬之間的矛盾，所以好上司應做到幾點。

言必信，行必果

「說話要算數」，這是下屬對上司的基本要求之一。因此，上司對自己說的話要負責，尤其是答應下屬辦的事要兌現，不能信口開河、出爾反爾。這就要求你要做到以下幾點：

一是說話時要審時度勢，面對現實。一時難以辦到的事，不要給下屬「吊胃口」；根本無法辦到的事或沒有把握辦到的事，就不能向下屬做出某種承諾，否則後患無窮。

二是說話要留有充分的餘地。從某種意義上說，下屬總是把上司的話當「聖旨」，特別在關係到下屬的切身利益問題上，上司的一個暗示，一個許諾，都將成為下屬的一種企盼和長久的希望。因此，你說話一定要留有餘地，不能說大話，說空話，只圖下屬一時的滿意和高興。一旦你的許諾難以兌現，下屬就會表示出極大的失望和不滿。所以在這個問題上，寧可把話說得靈活一些，而最終的結果又比下屬預料的還要好，那麼下屬對上司的感激之情一定會更加強烈。

三是說了的事就要辦。既然答應下屬要辦某件事，就應該全力去辦，努力辦好，不能「只打雷，不下雨」。

要講真話、心裡話

語言是心靈之窗。有沒有真實情感，主要看是不是講了真話、心裡話。在這方面，有幾個場合應特別注意：

一是與下屬談心交心時，應以誠感人。

二是在評論人或事的時候，要客觀、公正，令人信服。比如，對本部門工作成績的估價，如果誇大其詞，不實事求是，就會給下屬留下狂妄自大、文過飾非的印象。

三是在工作中出現失誤或挫折時，要站在全局的立場上，勇於承擔責任，多作自我反思和自我批評，以利於下屬吸取教訓，樹立信心，進一步做好工作。最要不得的是推卸責任，好像只有自己是正確的，是早有預料的「神人」。這種事後諸葛的做法，只會造成下屬對你的不信任和不配合。

要以誠待人

如果你講究誠實，以誠待人，這是有力量、有水準的表現。因為弄虛作假，虛情假意，可能會得逞一時，但終究是站不住腳的。因此，在與下屬相處的過程中，要通過自己的一言一行，給下屬以強烈的誠實感，尤其要豁達大度，要能夠容得下事，容得下人。常言道：「大人不記小人過。」作為上司的應該比下屬站得高些，看得遠些，應該比下屬有更寬廣的胸懷和更高的涵養。因此，對於來自下屬的批評、建議和要求，應本著實事求是的態度，積極而穩妥地加以處理，切莫不可言行不一，當面說一套，背後做一套。

一 大肚能容

一個好上司還有一點至關重要，就是是否具有肚量，俗話說「將軍額上能跑馬，宰相肚裡能撐船。」從某種意義上說，上司肚量越大，水準越高；肚量越大，就越能夠團結人；而上司越是能夠團結人，上下屬之間的關係就越融洽。

當下屬不能領會意圖時要有肚量

作為下屬應該按上司意圖說話辦事，而且應該在透徹地瞭解和準確地把握上司意圖上下功夫。因為上司的意圖有時是隱藏在報告、閒談當中，不是每一個下屬都可以一目了然的。然而，就有一些粗心大意或悟性較低的下屬，他們習慣於按照自己的思維方式來說話辦事，全然不用心體會上司的所思、所想和所要達到的目標，因而往往不能把上司的意圖貫徹到實際工作中去，有時甚至違背上司意圖說話辦事，造成不應有的損失。

在這種情況下，上司對下屬任何的指責和批評都是無濟於事的。下屬不能領會上司意圖，其實上司也有責任，不能全怪下屬。因此，要把功夫用在平時，做到多與下屬交談、交換意見，只有溝通頻繁，下屬才能逐漸領會上司的意圖。

當下屬某些方面不如自己時要有肚量

下屬某一方面或某幾方面不如上司，這和上司某一方面或某幾方面不如下屬一樣是很正常的。因此，不能以自己的好惡來要求下屬，特別不能因為下屬不如自己而看不起下屬，或者以愛好劃分，把下屬分為幾類幾派。如果那樣做，到頭來真正吃苦頭的是自己。

再比如，上司擅長文學寫作，而在某一下屬恰恰是個弱項，這時作為上司就不能「以己之長，擊人之短」給下屬出難題。如果你要求下屬十全十美，這就非常可笑了，因為任何一個人包括你本身都不可能完美無缺。

當下屬誤解自己時要有肚量

下屬誤解上司，大多是因為情況不明或上司未說清楚事情的原委。因此，當下屬誤解上司並產生對立的情緒時，上司要因勢利導，主動找其談心，講清情況，消除誤解。

特別是關係到下屬切身利益，比如評優、獎勵……等問題時，下屬站在自身的角度思考問題，一時誤解上司這是常有的事。作為上司，不能與下屬一般見識，更不能與下屬賭氣，在這方面，上司越是有肚量，下屬就越發敬重你，上下屬之間的感情也會與日俱增。

當下屬頂撞自己時要有肚量

應該說，任何一個上司在受到下屬頂撞時都不會無動於衷的。尤其是當下屬的頂撞伴隨諷刺、挖苦和嘲弄時，上司的反感和反擊情緒會油然而生，有的甚至會大發雷霆，與下屬唇槍舌劍，鬧得不可開交。作為上司，一定要避免與下屬正面衝突。因為你手中有權，最終的贏家肯定是你，但雙方「交火」之後的結果只會是兩敗俱傷。

因此，從上司的角度看，當下屬頂撞自己時，一是要保持冷靜，不要使用過火的言詞刺激下屬，造成火上加油。二是不要與下屬爭高低。當受到下屬頂撞時，如果你非要分出誰是誰非，就有可能使爭吵升級，最終難以收場。三是對頂撞自己的下屬不要記仇。一般說來，下屬頂撞上司是不好的，不可取的。縱然上司有這樣那樣的不足，也不能採取「正面槓上」的做法。因此，對頂撞自己尤其是頂撞得毫無道理的下屬，要寬宏大量，不要往心裡去。可以在事後找一個適當的時機與其談話，給予必要的批評和引導，使其提高認知，改正不足。

當下屬批評自己時要有肚量

下屬能夠坦誠批評上司，這本身說明下屬出以公心，以事業為重。所以，上司對於下屬的批評一定要抱持歡迎的態度，不論是正確的批評，還是錯誤的批評，都應耐心傾聽，聞過則喜，並做到三不：不打斷下屬的話，讓其毫無保留地把批評意見講完；不中途作解釋，從而迫使下屬「說半句留半句」；不表露不高興或反感的情緒，使下屬放心大膽地暢所欲言。對來自下屬的批評意見，既要聽得進，還要慎重對待，這也是有肚量的表現。

若是下屬的批評意見不正確，則應該加以分析，本著「有則改之，無則加勉」的態度區別對待。一般可採取「冷處理」的辦法，不要急於向下屬作解釋。只要時間允許和無妨大局，可以在事後以適當方式與下屬坦誠交換意見，以求得共識，增進相互瞭解和友誼。

處理下屬矛盾的方法

在調解下屬之間的衝突之前，首先要分清衝突的性質，摸清衝突產生的原因，是利益之爭還是觀點分歧，是誤會還是感情糾葛，然後才能對症下藥。否則糊塗官斷糊塗案，只會弄巧成拙，更加激化矛盾。

在處理下屬之間的衝突時，管理者要注意以下幾個方面。

冷靜公正、不偏不倚

上司是下屬衝突的最後仲裁者。這個仲裁者要想保持權威，就必須以公平的面貌出現。上司在下屬的心目中，應該是公正的化身，如果過於偏袒一方，被偏袒者自然會擁護你；可在另一方心裡，你將不再有權威性，對你的裁決也會產生成見。所以，公平視之，這是上司在處理下屬之間衝突時最起碼的原則。如果下屬與你有很深的私交，你絕不能帶著感情色彩去看問題，否則將會威信掃地，使自己的命令永遠失去權威。

充分聽取雙方的意見

中國有句成語：「兼聽則明，偏信則暗。」在處理下屬之間衝突時，最忌諱的就是只聽一面之詞，然後就武斷仲裁。這種做法很容易出現「冤案」，留下複雜的後遺症。即使偏聽之後做的判斷是正確的，未被聽取意見的一方也會心懷不平，這種不滿很容易造成感情衝突。

所以，高明的上司在處理下屬衝突時，不要急於表態，要充分聽取雙方的意見。聽取意見可以分別或召集在一起進行，一般來講，利益衝突最好分別瞭解情況，避免矛盾激化。如果發現誤會，最好讓雙方當面闡述，以得到相互諒解。

調解衝突的技巧

要根據不同的情況和不同對象的特點去靈活處理，常見有以下幾種方法：

1 曉以大義

這種方法主要用於為了維護局部利益的下屬間所發生的衝突。現代社會的一個重要特點就是分工嚴密，這樣可以提高工作效率，但同時也帶來了一個不可避免的缺陷——各個專業分工者之間缺乏相互瞭解。

如果在這種情況下雙方發生衝突，管理者應該讓衝突雙方瞭解對方的處境，在這之後，衝突雙方就會心平氣和地坐下來商議解決的辦法。因為雙方都明白，單純指責對方是無濟於事的，只有相互配合，密切協助才能解決問題。事實上，當雙方均以企業或部門的整體利益為重，心中的怒氣就會完全化為烏有。

2 交換立場

在局部利益衝突中，衝突雙方所犯的錯誤多半是考慮自己，以自己為中心，而不能體諒對方。要想讓他們互相瞭解、體諒對方的最好辦法，莫過於讓他們各自站在對方的立場去考慮一下問題。當雙方確實做到這一點後，可能會立即握手言和，平心靜氣地協商一種積極性的解決衝突的方法。孔子說：「己所不欲，勿施於人。」正是設身處地，從他人的角度看問題而得出的結論。

3 折衷調和

很多情況下，衝突的雙方均各有道理，但又各執一詞，很難明確地判斷誰是誰非。這時候，折衷協調、息事寧人是很好的解決辦法。

魯迅曾講過一個故事：大家都悶在一個漆黑的房子裡，一部分人無法忍耐，揚言要掀掉屋頂；而另一部分人反對，認為如此情況會更嚴重，還不如維持現狀。於是幾經爭論，大家妥協了，決定開一個窗，顯然要是沒有激進派的大聲呼籲，就不會開一個窗，而大家就可能會憋死；而若沒有保守派的反對和牽制，大家就要因莽撞地掀開屋頂而遭受雨淋。

所以，各種觀點和思維在這個社會上均有它們的地位，爭論與衝突後的妥協將導致中庸，而用這種調和折衷的方式解決衝突可謂一石二鳥。

4 創造輕鬆氣氛

發生衝突後，衝突雙方均抱有成見和敵意，所以在進行調解時，首先要緩和氣氛，這時選擇場合和時機很重要。調解不一定要在會議上，有時在餐桌上、家裡等地方效果會更好。

在比較輕鬆的場合中，衝突雙方不帶防備心理，比較容易傾聽對方和調解人的意見，也比較容易互相諒解。管理者這時也不應板著面孔，用公事公辦的口氣說話，而應給予適當的幽默。

5 冷卻降溫

衝突發生之初，雙方很激動，立即調解往往收效甚微，這時，明智的管理者應暫時將雙方分開，等雙方的情緒冷卻、頭腦清醒之後，再進行調解。

6 注意給雙方留台階

在下屬間的衝突中，有一種情況是經常發生的：衝突雙方均知道錯了（或有一方意識到錯誤），但礙於面子硬撐著，互不讓步。這時要注意給雙方台階下，以免造成僵局。

一 瞭解下屬要求的五種方法

下屬的需求和不滿不會明明白白地寫在他們臉上，要想避免誤會發生，充分發揮下屬的積極性，與下屬團結協作，縮短與下屬的距離，就要想方設法瞭解他們心中的需求，以下是最有效的五種方法。

深入基層

只要到員工餐廳去吃飯，就可以從人們在飯桌上所發的牢騷中，聽到他們對某些人或事的意見。這對管理是大有益處的，人們在牢騷中將要比會議中直率得多。除了公共場合外，還可以到下屬家或邀請他們來自己家中串門子，利用私下閒談來瞭解對方。一般而言，在這種場合下，對方沒有戒備心理，容易暴露出真實的想法。

建立資訊網

身為管理者，無論與下屬混得多熟，總是或多或少還有點距離感，所以當著上司的面，下屬什麼話都不敢說或不方便說，而利用資訊網則可以避開這個缺陷。上司可以找一些比較可靠的人，專門為他搜集下屬的意見和想法。同時，一個人的精力有限，利用資訊網可以延長自己的聽覺和觸覺神經，如果請祕書去蕪存菁，將整理後有價值的資訊報告上來，會大大提高效率，節省了你的時間。

設意見箱

可以在一些地方設立意見箱，下屬有什麼要求、意見，可以寫信投入信箱，鑰匙由可靠的人專門保管，定期取信。

定期接待來訪下屬

每星期或每月有一定時間在辦公室專門接待來訪的下屬。下屬如有意見、有困難、有要求，可以在接待日來訪反映。如果你確實很忙，可以委託可靠的人代為接待。

民意調查

可設計一些問卷讓大家進行抽樣調查，然後以個體調查結果推測群體意向，這樣的答案是比較客觀的。在瞭解大家的要求、不同類型的人的不同要求、甚至個人的個別要求之後，就等於掌握了每個人身上的發動機鑰匙，上司可以根據對方的要求，啟動這架發動機，將個人利益和集體利益有機地協調一致，使每位下屬都能自願地盡自己的最大努力來工作。

常向下屬請教

水準再高、能力再強的上司，也不可能無所不知、無所不曉，處處比下屬高明。在實際工作中，上司在某一方面不如下屬的現象是很普通的。

對於上司來說，向下屬請教也不是一件容易的事。有的上司很不善於或者很不樂意向下屬請教，究其原因，主要有以下幾點：

一是剛愎自用，自以為是。以為自己事事正確，好像向下屬請教是多餘的、不必要的。這樣的上司很容易陶醉於下屬表面上的一致和服從。

二是故作清高，放不下身段。這樣的上司往往把自己的外在形象看得非常重要，似乎不擺出上司的架勢就不叫「上司」了。其實，這樣做是很難與下屬打成一片的，也很難聽到下屬的心裡話。

三是怕丟面子，樹立不了威信。其實，越是怕丟面子就越容易丟面子。向下屬請教，本來就不是一件丟臉的事，也根本不可能影響上司的威信，因為下屬沒有必要也不可能把上司看做是完人。在下屬看來，上司向下屬請教，是不恥下問的表現，是尊重下屬的表現，也是管理者的美德。事實上，那些善於向下屬請教的上司，非但沒有降低威信、丟掉面子，反而提高了威信，贏得了好名聲。

那什麼時候該向下屬請教呢？

自己不懂的東西要虛心向下屬請教

不懂就是不懂，不能裝懂，不懂裝懂就很容易鬧出笑話，真的丟了面子。事實上管理者又不可能十八般武藝樣樣精通，這時該怎麼辦？借助下屬的力量不失為良策之一。

因此，在遇到自己不懂的東西時，除了刻苦學習外，一定要虛心地向下屬請教，向一些內行的人請教，這樣必定能收到事半功倍的效果。有人曾說過，你向別人討教，別人會感到高興，而且一定會盡全力助你一臂之力。只要從思想上澈底改變老舊過時的觀念，很多問題就能迎刃而解了。

越是碰到難題越是要向下屬請教

管理工作不可能一帆風順，碰到棘手問題是常有的事。在這種情況下，有的管理者片面地認為，向下屬請教一般問題容易有所收穫，向下屬請教重大問題可能收穫不大，有的甚至怕浪費時間、耽誤事情。會產生這種認識的根源，還是把下屬都看做平庸之輩，覺得他們不如自己，因而不能始終如一地虛心向下屬學習，這不能不說是一大錯誤。

俗話說：「一個籬笆三個樁，一個好漢三個幫。」「三個臭皮匠勝過一個諸葛亮。」越是在困難的時候，越是要得到下屬的大力支持和通力合作。而管理者越是在關鍵時刻和重大問題上及時地、虛心地向下屬請教，下屬往往會表現出空前的熱情與幹勁，想辦法為你排憂解難。有時即使沒能幫上大忙，但同舟共濟、患難與共的種子，已深深地播在每一個下屬的心裡，這非常有利於協調好與下屬之間的關係。

在自己覺得正確的時候，尤其要注意向下屬請教

作為管理者，在自己認為沒把握的時候，主動向下屬請教是容易做到的，不過在自己認為正確的時候，仍然要向下屬請教就不那麼容易了。

事實上，在管理者自認為正確、覺得不需要徵詢下屬意見的時候，往往是做出錯誤的或片面的決策之時。如果事先根本就沒有作調查研究，只是憑自己的經驗，那做出錯誤決策的可能性就更大。

在向下屬請教時，還要注意把握以下幾點，以取得良好的效果：

要真誠

向下屬請教本是一件值得稱道的事，但如果心不誠，只是做做樣子，那就容易引起下屬的反感。誠心誠意地請教，主要表現在態度要誠懇，言詞要懇切，而不是虛情假意。所以，在向下屬請教時，首先要注意打消下屬的顧慮，不要讓下屬覺得你只是隨便問問，否則下屬就很難暢所欲言，毫無顧慮地說出自己想說的話，特別是反對的話。

拿重要問題向下屬請教

所謂重要問題，一般是指一間公司、一個部門的大事，或者是上上下下都關心的事。如果只是拿枝微末節的問題請教下屬，而重要問題喜歡個人說了算，則下屬很容易產生被愚弄的感覺，從而對上司的請教失去興趣和熱情。時日一久，你的請教也就沒有多少實際意義了。

要有自己的見解：

向下屬請教，不能只是提出一大堆問題要求下屬回答，而應該有自己的想法，哪怕是不成熟、不全面的想法。因為管理者是掌握全局的，對情況比較瞭解。這就要求在向下屬請教或徵詢意見前，一定要對自己提出的意見、計畫或方案進行認真思考，反覆推敲，盡可能有一個好的框架或思路，如果能形成一個初步的文字稿則更好。

積極採納下屬的好意見

作為管理者，向下屬請教的最終目的是為了改進工作、實施正確管理。因此，對下屬提出的好意見和建議，應積極採納，切不可將其束之高閣，或者只是稱好，卻不打算吸取其有益的成分。如果這樣做，就會挫傷下屬的積極性，也會使請教和徵求意見成為空有其名。

零的溝通

作　　者	孫大為
發 行 人	林敬彬
主　　編	楊安瑜
責任編輯	黃谷光
內頁編排	詹雅卉（帛格有限公司）
封面設計	何郁芬（小痕跡設計）
編輯協力	陳于雯、曾國堯
出　　版	大都會文化事業有限公司
發　　行	大都會文化事業有限公司
	11051台北市信義區基隆路一段432號4樓之9
	讀者服務專線：(02)27235216
	讀者服務傳真：(02)27235220
	電子郵件信箱：metro@ms21.hinet.net
	網　　址：www.metrobook.com.tw
郵政劃撥	14050529 大都會文化事業有限公司
出版日期	2015年11月初版一刷
定　　價	280元
I S B N	978-986-5719-66-1
書　　號	Success-083

First published in Taiwan in 2015 by Metropolitan Culture Enterprise Co., Ltd.

4F-9, Double Hero Bldg., 432, Keelung Rd., Sec. 1, Taipei 11051, Taiwan
Tel:+886-2-2723-5216　Fax:+886-2-2723-5220
Web-site: www.metrobook.com.tw
E-mail: metro@ms21.hinet.net

Cover Photography: shutterstock / 218490544.

大都會文化 METROPOLITAN CULTURE

國家圖書館出版品預行編目(CIP)資料

零的溝通 / 孫大為著. -- 初版. -- 臺北市 : 大都會文化, 2015.11
240 面 ; 21 × 14.8 公分. --（Success-083）

ISBN 978-986-5719-66-1（平裝）

1. 溝通技巧　2. 說話藝術

177.1　　104021129

大都會文化 讀者服務卡

書名：**零的溝通**

謝謝您選擇了這本書！期待您的支持與建議，讓我們能有更多聯繫與互動的機會。

A. 您在何時購得本書：______年______月______日

B. 您在何處購得本書：____________書店，位於____________(市、縣)

C. 您從哪裡得知本書的消息：

1.□書店 2.□報章雜誌 3.□電台活動 4.□網路資訊

5.□書籤宣傳品等 6.□親友介紹 7.□書評 8.□其他

D. 您購買本書的動機：（可複選）

1.□對主題或內容感興趣 2.□工作需要 3.□生活需要

4.□自我進修 5.□內容為流行熱門話題 6.□其他

E. 您最喜歡本書的：（可複選）

1.□內容題材 2.□字體大小 3.□翻譯文筆 4.□封面 5.□編排方式 6.□其他

F. 您認為本書的封面：1.□非常出色 2.□普通 3.□毫不起眼 4.□其他

G. 您認為本書的編排：1.□非常出色 2.□普通 3.□毫不起眼 4.□其他

H. 您通常以哪些方式購書：(可複選)

1.□逛書店 2.□書展 3.□劃撥郵購 4.□團體訂購 5.□網路購書 6.□其他

I. 您希望我們出版哪類書籍：（可複選）

1.□旅遊 2.□流行文化 3.□生活休閒 4.□美容保養 5.□散文小品

6.□科學新知 7.□藝術音樂 8.□致富理財 9.□工商企管 10.□科幻推理

11.□史地類 12.□勵志傳記 13.□電影小說 14.□語言學習（_____語）

15.□幽默諧趣 16.□其他

J. 您對本書(系)的建議：

____

K. 您對本出版社的建議：

____

讀者小檔案

姓名：________________ 性別：□男 □女 生日：____年____月____日

年齡：□20歲以下 □21～30歲 □31～40歲 □41～50歲 □51歲以上

職業：1.□學生 2.□軍公教 3.□大眾傳播 4.□服務業 5.□金融業 6.□製造業

7.□資訊業 8.□自由業 9.□家管 10.□退休 11.□其他

學歷：□國小或以下 □國中 □高中／高職 □大學／大專 □研究所以上

通訊地址：____

電話：（H）________________（O）________________ 傳真：________________

行動電話：____________________E-Mail：______________________________

◎謝謝您購買本書，歡迎您上大都會文化網站（www.metrobook.com.tw）登錄會員，或至Facebook（www.facebook.com/metrobook2）為我們按個讚，您將不定期收到最新圖書資訊和電子報。

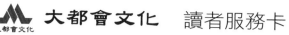

零的溝通

北區郵政管理局
登記證北台字第9125號
免貼郵票

大都會文化事業有限公司
讀者服務部 收
11051台北市基隆路一段432號4樓之9

寄回這張服務卡〔免貼郵票〕
您可以：
◎不定期收到最新出版訊息
◎參加各項回饋優惠活動

大都會文化
METROPOLITAN CULTURE

大都會文化
METROPOLITAN CULTURE